GÉNÉALOGIE

DE LA MAISON

GRELLET DE LA DEYTE

EN AUVERGNE

SUPER EMINEAT CARITAS

LE PUY

A. PRADES-FREYDIER, IMPRIMEUR-ÉDITEUR

PLACE DU BREUIL

—

1894

GÉNÉALOGIE

DE LA MAISON

GRELLET DE LA DEYTE

EN AUVERGNE

GÉNÉALOGIE

DE LA MAISON

GRELLET <small>DE LA</small> DEYTE

EN AUVERGNE

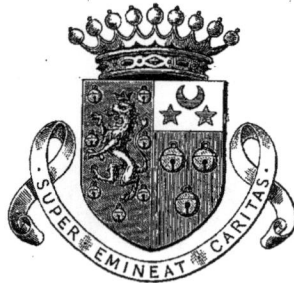

LE PUY

A. PRADES-FREYDIER, IMPRIMEUR-ÉDITEUR

PLACE DU BREUIL

—

1894

GÉNÉALOGIE

DE LA MAISON

GRELLET DE LA DEYTE

EN AUVERGNE

Au nombre des *Emigrés de la Haute-Loire, portés sur la liste publiée au chapitre XXI, Tome II de notre histoire des* Municipalités du Puy-en-Velay, pendant la période Révolutionnaire, *figure André Grellet, religieux capucin, né à Allègre en 1749.*

Il était issu d'une branche cadette de la famille Grellet établie à Allègre depuis le XIVᵉ siècle et rattachée par ses alliances à tous les grands noms de la région. Elles deviennent rares les maisons du Velay et de la partie de l'Auvergne annexée à la Haute-Loire, remontant par une filiation justifiée et ininterrompue à cette origine reculée ; les unes sont éteintes, les autres dépaysées et l'on compte celles qui demeurent. Aussi, bien que les Grellet n'appartiennent pas directement à la ville du Puy, nous avons pensé qu'il ne serait pas sans intérêt de reproduire ici leur généalogie.

M. Emmanuel Grellet de la Deyte, Maire et Conseiller Général d'Allègre nous a très courtoisement ouvert ses riches archives, qui abondent en titres anciens intéressant les familles et l'histoire de notre province. Les notes que nous en avons extraites reposent toutes sur des documents authentiques.

Le Puy, 16 mars 1894.

ALBERT BOUDON

ORIGINE

DES

GRELLET DE GRALEUL ET DE LA DEYTE

es Grellet ne sont pas originaires de la province d'Auvergne. Au moyen-âge on voit leur nom écrit indifféremment GRESLET, GRELET ou GRELLET; quelquefois de deux manières différentes dans le même acte; mais depuis le XVIe siècle l'orthographe GRELLET a prévalu.

La plus ancienne mention que l'on en trouve est celle d'Aubert GRESLET, homme d'armes de la compagnie de Guillaume, duc de Normandie, qui est inscrit sur une pierre commémorative, placée dans l'église de Dives, en Normandie, au nombre des Compagnons de Guillaume le Conquérant qui prirent part à la conquête de l'Angleterre en 1066.

Plusieurs GRELLET sont cités dans les Cartulaires du Berry au XIe et au XIIe siècle. C'est de là qu'ils ont formé des branches en Tourraine, en Poitou et en Auvergne. (1)

FILIATION

I. Guillaume GRESLET, ou GRELET, seigneur de LA MOTTE-GRALEUL, qualifié chevalier dans l'aveu qu'il rendit au comte d'Ancre, seigneur de Saint-Aignan, le jeudi 5 juillet 1395 (devant Jehan Richonts, notaire) des terres qu'il possédait dans la seigneurie de Valençay en Berry, laissa :

1° Barthélemy GRESLET ou GRELLET, écuyer seigneur de la Motte-Graleul qui eut deux enfants :

---

(1) Les GRELLET DU MAZEAU et DE BEAUREGARD existants dans la Creuse, où ils ont formé de nombreux rameaux, invoquent la même origine, mais sans remonter leur ascendance au-delà de Jehan Grellet, vivant en 1639, fils de Claude, bailli de la ville d'Argenton en Berry. Leurs armes, inscrites en 1699 dans l'armorial général de d'Hozier, sont : *d'azur à la fasce engrelée d'or.*

Les GRELLET DES PRADES DE FLEURELLE (famille consulaire de Limoges connue depuis 1571 anoblie par la charge de Trésorier de France) ont en leur faveur une présomption tirée de l'analogie de leurs armoiries, qui sont : *d'azur au lion d'argent accompagné de trois fleurs de pensée de même* et de ce fait qu'ils possédaient divers fiefs en Poitou lorsque l'un d'eux fut convoqué aux assemblées de la noblesse de cette province en 1789, puis porté sur la liste des émigrés.

A Jean de GRALEUL *(dit Grellet)* écuyer seigneur de la Motte-Graleul, (terre située sur les confins du Berry, de la Touraine et du Poitou), n'ayant pas d'enfant testa en faveur de son cousin-germain : Jean Grelet, seigneur de la Rochebreteau, le 1er septembre 1474;

B Isabeau GRESLET DE GRALEUL, morte en 1413, mariée à Colinet DE MENOU, chevalier seigneur de Mée, Lougny, etc., fils de noble et puissant seigneur Jean III DE MENOU, (1) chevalier seigneur de Bouffay, May, Lougny, Sénevières, capitaine de cent hommes d'armes, fait prisonnier à la bataille de Poitiers, emmené en Angleterre avec le Roi Jean et de Agnès DE GALARDON.

(1) MENOU porte :
« de Gueules à la bande
« d'or ».

2° Philippon, qui suit ;

3° Jeanne, mariée à Guy GUÉNAN, chevalier seigneur des Bordes (2);

4° Robert, homme d'armes de la compagnie de Morinot de Tourzel d'Allègre chambellan du comte de Poitou, qui a fait la branche B établie à Allègre, existante et rapportée ci-après.

(2) GUÉNAN porte :
« d'or à la fasce fuselée
« de Gueules ».

II. Philippon GRESLET *(dit de Graleul)* fut marié à Perronne DE CIGOGNÉ (3), d'où :

Jehan qui suit.

(3) CIGOGNÉ porte :
« de sable à la croix
« d'argent chargée d'une
« croix ondée de gueules,
« cantonnée de quatre
« coquilles d'or ».

III. Jehan GRELET *(dit de Graleul)* chevalier seigneur de la Rochebreteau, Thais, la Bussière, etc., fit un acte de partage avec Peronne DE CIGOGNÉ sa mère, le 6 novembre 1460, après la mort de Philippon son père. Il fut nommé gouverneur pour le Roi de la ville de Buis, par brévet donné à Paris en 1461 et prêta serment, le 27 octobre de la même année, entre les mains de Jean bâtard d'Armagnac, maréchal de France, gouverneur du Dauphiné. Il hérita, le 1er septembre 1474, de Jehan, son cousin-germain, seigneur de la Motte-Graleul, qui lui légua cette terre. Le roi lui fit don, au Pont-de-Cé, le 23 juin 1472, des terres de Thais et de la Bussière confisquées sur Jacques de Thais qui avait quitté le parti du Roi pour celui du duc de Bretagne. Il est qualifié dans un acte en latin de l'an 1473 : « *Joannes Graleul dictus Grelet.* » Vers le même temps il fit procéder à une enquête pour justifier de l'anoblissement de sa famille qui était contesté, bien que son aïeul eût pris la qualité de chevalier dans un hommage en 1395, mais il fut pourvu de la charge de capitaine des francs-archers de Touraine par brevet donné à Lusignan le 4 mars 1486 et anobli, en tant que de besoin, par cette charge. Il rendit hommage en 1481 de son fief de Saint-Flavière à Gilles de Chelles chevalier seigneur du Roullet et eût une commission du roi datée de Senlis le 10 août 1486, pour conduire des gens de guerre en Picardie.

Il avait épousé le 7 août 1477 Catherine Guénan, fille d'Antoine Guénan, chevalier seigneur de Saint-Cyran, Jambot, Vitroy, Tranchon, Brossein etc., et de Marie d'Isoré, (des marquis d'Hervaut et de Pleumartin.) Ils laissèrent :

1° Pierre, qui suit;
2° Catherine Grellet de Graleul, mariée le 25 mars 1498 à Etienne de Marolles, chevalier seigneur dudit lieu, gentilhomme de la chambre du Roi (1).

IV. Pierre Grellet de Graleul écuyer seigneur de la Motte-Graleul et de la Rochebreteau (mouvance de Loches), épousa le 9 novembre 1502, Catherine d'Antragues (ou d'Entraigues), fille de Jean, écuyer seigneur de Montart en Bourbonnais et de Huguette de Savoicy et petite-fille d'autre Jean d'Antragues, chevalier (2). Il y a eu plusieurs familles de ce nom. (Celle-ci a été la tige des d'Entraigues, seigneurs du Pin en Vivarais par suite d'alliance, en 1586, avec les des Micheaux du Pin, éteints dans les de Larminat.) Ils laissèrent :

1° Méry qui suit; et probablement d'autres enfants dont le nom ne nous est pas parvenu.

V. Méry Greslet, écuyer seigneur de Graleul et de la Rochebreteau, servit en qualité de lieutenant d'artillerie sous les rois François 1er et Henri II, dans l'armée commandée par André de Montalembert seigneur d'Essé, ainsi qu'il résulte de plusieurs commissions. Il fut marié le 4 janvier 1536 à Marguerite de Valenciennes (ou de Voluciennes), fille de Jean, (3) seigneur de Peins et de Marguerite de Goueille, d'où :

1° Antoine qui suit :

(1) Marolles porte : « d'azur à l'épée d'argent la pointe en haut, « la garde et la poignée « d'or, accostée de deux « plumes d'argent. »

(2) Antraigues porte : « de gueules à la tour « crénelée d'argent, ajou- « rée et maçonnée de sa- « ble ».

(3) Valenciennes (en Berry) porte : « d'azur à la fasce d'or, « accompagnée de trois « têtes de licorne coupées « d'argent, 2 et 1 ».

2° Guillaume GRESLET (sic) dit : LA ROCHEBRETEAU, seigneur de Guesmesvilliers, gentilhomme ordinaire de la maison du Roi ; est ainsi qualifié dans une quittance originale en parchemin, datée du mercredi 27 février 1565, que nous avons vue et qui se trouve à Allègre dans les archives de M. Grellet de la Deyte. Par cet acte il reconnaît avoir reçu au nom de « damoiselle Clauda Grellet(sic) sa sœur, veuve de feu noble « homme Georges de Cigogné, écuyer seigneur de Maulviè- « res et l'un des cent gentilshommes de la maison du Roi, « sous la charge de feu Monseigneur le comte de Sancerre « et au nom de leurs enfants mineurs et des mains de « demoiselle Anne Brinon, veuve de feu noble homme « Antoine Bonnacoursy, en son vivant notaire et secrétaire « du roi, trésorier de ses cent gentilshommes, la somme de « cent livres qui restait due audit seigneur de Maulvières « pour ses gaiges, à cause de son état au quartier d'octobre, « novembre et décembre 1563. Ladite quittance donnée « l'an 1565, le 27 et pénultième jour de février et signée : « Denet, notaire. »

Guillaume Grellet, seigneur de la Rochebreteau et de Guémévilliers, épousa le 15 novembre 1551, Jeanne DE ROHAN, fille naturelle de Charles-François de Rohan-Gyé, [1] baron de Château du Loir, seigneur de Gyé, du Verger, Croulles, Marigné, chevalier des ordres du Roi, ambassadeur à Rome et lieutenant général pour le Roi en Bretagne (on ne leur connaît pas de postérité masculine).

3° Adrien DE GRESLET (sic), seigneur de Guémévilliers, etc., écuyer, fut marié avant 1570 à Charlotte DE LA ROCHEFOUCAULD-BAYERS, fille de René, chevalier seigneur de Neuilly-le-Noble, la Brosse, la Rocheboureau, etc., et de Françoise de Chergé, dame de Ruau-Persil, Villiers, la Baudquainière [2] etc. (Voyez père Anselme, T. IV, art. La Rochefoucauld-Bayers, p. 847.)

4° Claude (ou Clauda) GRELLET mariée une première fois à Georges DE CIGOGNÉ, [3] son cousin, écuyer seigneur de Maulvilliers (ou Maulvières), l'un des cent gen- tilshommes de la maison du Roi, dont elle était veuve le 27 février 1565, ainsi qu'il est dit dans la quittance des gages de son mari donnée, en son nom et au nom de leurs enfants,

[1] ROHAN-GYÉ porte : « écartelé : au 1er contre- « écartelé de France et de « Bretagne ; au 2e et 3e « de Gueules à neuf « macles d'or 3, 3 et 3, « qui est de Rohan ; au « 4e contre-écartelé de « France et de Navarre, « sur le tout parti : de « Rohan et de Bretagne. »

[2] LA ROCHEFOUCAULD- BAYERS porte : « Burelé d'argent et d'a- « zur à trois chevrons de « gueules brochant, le « premier chevron éci- « mé. »

[3] CIGOGNÉ porte : « de sable à la croix « d'argent chargée d'une « croix ondée de gueules, « cantonnée de quatre « coquilles d'or ».

par son frère Guillaume Greslet, dit la Roche-Breteau, seigneur de Guémévilliers; remariée le 5 mars 1574, avec Jean GIGAULT DE BELLEFONDS, chevalier seigneur de Marennes, gentilhomme de la maison du Roi, maître d'hôtel du duc d'Alençon, etc. d'où est descendu le marquis de Bellefonds, [1] maréchal de France. *(Voyez père Anselme, T. VII, p. 595.)*

VI. Antoine GRELLET DE GRALEUL, écuyer seigneur de la Roche-breteau, de la Jonchère, etc., épousa le 7 septembre 1550, Françoise DE VILLIERS [2], fille de Eustache de Villiers écuyer, et de Philippe Paviotte (Pavyot), d'où :

1° Eustache, qui suit :

2° Charles GRELLET, écuyer seigneur de Plaisance (en Tourraine), épousa Elisabeth CARRÉ DE VILLEBON, d'une noble famille de Tourraine [3].

A cette branche de Plaisance appartenait Jacques DE GREL-LET, écuyer seigneur de Plaisance en 1699, qui fit inscrire ses armoiries : « *de sinople au lion d'argent armé lampassé, et couronné d'or,* » et qui est appelé : Jacques DE GRILLET, par erreur du copiste. *(Voyez armorial général de d'Hozier (Tourraine), généralité de Loches, page 217.)*

3° Antoinette GRELLET DE LA ROCHEBRETEAU, (que le père Anselme désigne à tort, ou par suite d'erreurs typographiques, sous le nom d'Antoinette GRILLET DES ROCHES-BARITAUT, *(Histoire des Grands Officiers de la couronne, T. VI, page 801),* mariée le 16 juillet 1583 à Arnoul DE DORP [4], seigneur de Duelfeu, amiral de Hollande

VII. Eustache GRELLET DE GRALLEUL, écuyer seigneur de la Ro-chebreteau, fut marié, le 16 février 1604, à Charlotte DE MENOU [5], fille de Esmond de Menou, chevalier seigneur de Mée, Rabry, Poiriers et de Madeleine de Marolles, d'où, entre autres enfants :

1° Eustache, qui suit :

2° Gabriel GRELLET DE GRALEUL, écuyer gentilhomme de la suite de Monseigneur le duc d'Elbœuf.

VIII. Eustache GRESLET DE LA ROCHE-BERTHEAU *(sic)*, en 1661, est cité parmi les possesseurs des fiefs relevant de la vicomté de la Roche de Gennes, en la mouvance de Loches, dans l'acte d'hommage qui fut fait de cette vicomté, par Jean-Armand de Voyer mar-

[1] GIGAULT DE BELLE-FONDS porte :
« *d'azur au chevron d'or*
« *accompagné de trois*
« *losanges d'argent.* »

[2] VILLIERS, en Poitou porte :
« *d'azur à une coquille*
« *d'argent posée en cœur,*
« *accompagnée de trois*
« *besans d'or, deux en*
« *chef et un en pointe.* »

[3] CARRÉ DE VILLEBON porte :
« *d'azur à la bande d'or,*
« *à un chef de même*
« *chargé de trois car-*
« *reaux de gueules.* »

[4] DORP porte :
. . . .

[5] MENOU porte :
« *de Gueules à la bande*
« *d'or.* »

quis de Paulmy, gouverneur de Châtellerault en 1661 et 1663. *(Voyez noms féodaux, par dom Bétencourt, T. IV, p. 211.)* ses armes étaient : « *de sinople au lion d'argent armé lampassé couronné d'or,* » l'écu timbré d'un tortil de baron, surmonté d'un casque grillé de face, orné de ses lambrequins d'argent et de sinople, avec une tête de licorne d'argent pour cimier. C'est ainsi qu'elles sont blasonnées, en tête d'une longue notice sur les seigneurs de Graleul, dans un ouvrage assez rare, imprimé en 1669, à Paris, chez la veuve Alliot et Gilles Alliot, rue Saint-Jacques, intitulé : *Inventaire de l'histoire généalogique de la noblesse de Tourraine et pays circonvoisins,* par M. le C. D. L. S., gentilhomme ordinaire de la chambre du Roy. Cet ouvrage est attribué au chevalier de l'Hermite-Soliers. A la même époque le père Menestrier dans *la nouvelle Méthode de Blason,* imprimée à Lyon chez Thomas Amaulry, en 1696, dit : page 242, en parlant des maisons « qui ont des ar-« moiries semblables sans être sorties de même sang et sans avoir le même nom, » que : « *les Roches Baritaux,* (lisez : *Grellet de la* « *Roche-Breteau), Brouilly* en Picardie, *Sared* au Maine, *Bolacre* en « Nivernais, *le Normand,* portent : *de sinople au lion d'argent* ». On trouve encore, en 1699, dans l'armorial général de d'Hozier, registre du Poitou, page 287 : « Jacques DE GRELLET, écuyer seigneur « de Touschelay, qui portait : *de sinople à un lion d'argent* « *couronné et lampassé d'or* ».

Comme le père Menestrier et l'Hermite-Soliers, beaucoup de généalogistes ont ignoré le nom patronymique des seigneurs de Graleul, et de la Rochebreteau, et c'est sous le nom de GRALEUL (qu'ils ont porté, à l'exclusion de tout autre, depuis le XVIIe siècle), qu'ils sont désignés dans les armoriaux ou nobiliaires de Tourraine, notamment dans Carré de Busserolle.

A partir d'Eustache, seigneur de la Rochebreteau, qui précède, on ne trouve plus trace dans les archives d'Allègre, de relations entre la branche aînée des GRELLET DE GRALEUL, et celle d'Auvergne. On n'a pas recherché si c'est de Jacques seigneur de Touschelay, en Poitou, ou de Jacques seigneur de Plaisance, en Tourraine, que descendait la marquise DE QUINEMONT, née DE GRALEUL [1]. Le marquis et le chevalier DE GRALEUL inscrits sur la liste des émigrés d'Indre-et-Loire en 1793 n'ont pas laissé de postérité masculine.

[1] QUINEMONT porte : « *d'azur au chevron* « *brisé d'argent accom-* « *pagné de trois fleurs de* « *lys d'or, au pied coupé,* « *posées deux en chef, et* « *une en pointe.* »

GRELLET DE LA DEYTE

Porte : *De sinople au lion d'argent, armé, lampassé et couronné d'or, accompagné de sept grelots de même en orle* (qui est GRELLET) ; — *Parti : de gueules au chef d'argent chargé d'un croissant accosté de deux étoiles d'azur* (qui est DE LA DEYTE ancien) ; *depuis 1724 le fond de gueules a été chargé de trois grelots d'or.*

Timbre : *une couronne de comte.* Cimier : *une licorne issante d'argent.* Supports : *un lion et une lionne d'argent, la lionne colletée de gueules.* Devise : *Super emineat caritas.* ↑

BRANCHE B

ÉTABLIE A ALLÈGRE, EN AUVERGNE

Seigneurs de la DEYTE-MORANGES
de CHATEAUNEUF du DRAC, de CHARDAS
de CHAMBAREL, du BESSIOUX, de LIOUZARGUES
de la MARCONNERYE, du MAS du CHOMEIL, etc.

(EXISTANTE)

II. Robert GRÉSLET (*ou Grellet*), troisième fils de Guillaume, vivant en 1395, et frère de Barthélemy, seigneur de la Motte-Graleul et de Philippon, auteur des seigneurs de Graleul, de la Rochebreteau et de Plaisance, servit d'abord, en qualité d'homme d'armes des ordonnances de Jean de Bourbon, *comte de Poitou,* dans la compagnie de *Morinot de Tourzel, baron d'Allègre et chambellan de ce prince* qui était en même temps *duc de Berry et d'Auvergne.*

Lorsque le duc de Berry eût donné à Morinot de Tourzel son favori la terre d'Allègre et que celui-ci vint assiéger, dans le château d'Allègre, Bertrand de Sennecterre, Robert Grellet prit part à cette expédition et se fixa à Allègre en 1385. Il testa dans cette ville en 1415. Il vivait encore le 22 octobre 1416, ainsi qu'il résulte d'une transaction, en latin, passée entre lui et Pierre Merle, habitant à Chabannes, paroisse d'Allègre. Le livre de raison de la famille Grellet et une généalogie dressée en 1776, qui remontent jusqu'à lui, commencent par ces mots : « *Généalogie des Grellet depuis 1415, laissant les ayeux, les devanciers de Robert Grellet et commençant par lui;* » ce qui prouve qu'il était de tradition que la famille de Robert Grellet était déjà ancienne en 1385 lorsqu'il vint s'établir à Allègre à la suite de Morinot de Tourzel. Ses descendants conservent religieusement et nous ont montré la curieuse médaille qu'il portait au cou, sur la cuirasse, et qui était l'insigne des hommes d'armes du comte de Poitou, ou de ceux qui exerçaient un grade dans cette compagnie. Cette médaille, un peu plus grande qu'une pièce de cinq francs, est en bronze, avec quelques traces de dorure. Elle est ronde, dans le style du XIVᵉ siècle, pourvue d'un anneau très usé, qui permettait de la porter au cou, au moyen d'une chaine. La face qui reposait sur la cuirasse est fruste, tandis que la face extérieure représente les armes du comté de Poitou : *Sept châteaux donjonnés de trois tours crénelées et ajourées à l'antique.*

Robert Grellet ne semble pas avoir participé à l'anoblissement de sa famille, qui ne se produisit d'une manière certaine qu'au profit de son neveu Jehan Grelet, seigneur de Graleul et de la Rochebreteau, à l'occasion de la charge de capitaine des francs-archers de Tourraine en 1486. Il laissa :

> 1° Etienne qui suit,
>
> 2° Pierre GRELLET, bourgeois de la ville d'Allègre, qui fut témoin en 1418, du terrier de la baronnie d'Allègre consenti au profit de puissant homme Messire Morinot de Tourzel, chevalier seigneur du château d'Allègre.

III. Etienne GRELET (*ou Greslet ou Grellet*), demeurant à Allègre en 1412, vendit à l'hôpital du Puy, conjointement avec son épouse, Agnès DU FAVET, fille de Guillaume du Favet et de Marguerite de Clavières, un jardin situé au territoire de Ronzade, ladite vente faite en présence de plusieurs habitants d'Allègre, devant Antoine Chaumels, le 14 décembre 1412. (*Charte originale, en latin, sur parchemin, déposée dans les archives de l'Hôpital-Général du Puy-en-Velay.*) La maison forte du Favet, dans le village de ce nom, paroisse de Félines, entre Allègre et la Chaise-Dieu, est le berceau de cette ancienne famille, aujourd'hui éteinte. Ses armes sont sculptées dans l'église de Chomelix, où elle possédait une chapelle (1). Une branche des du Favet habitait Chomelix au XVIe siècle et y tenait un des premiers rangs dans la haute bourgeoisie. Un autre rameau : celui des seigneurs de Sassac-la-Tour et de Montagier vivait noblement et s'est allié aux de la Rocque de Monlet, de Sagniard, etc.

De cette alliance vint :

> Pons, qui suit ;

IV. Pons GRELLET, Ier du nom, fut l'un des notables habitants de la ville d'Allègre, en Auvergne, qui obtinrent, en 1435, divers privilèges concédés par Yves Ier de Tourzel, baron d'Allègre et notamment : « le droit de bâtir leur maison dans l'enceinte fortifiée de la

(1) DU FAVET, porte : « *d'azur à un hêtre arraché d'or, accompagné à l'angle senestre du chef d'une croisette patée d'argent.* » Devise : « *Deus Favet.* »

cour du château d'Alègre pour y être protégés en cas de siège. »
*(Des huit familles nobles ou de haute bourgeoisie citées dans cette
charte, la famille Grellet et la famille de Chardon sont les seules qui
ne soient pas éteintes et elles en représentent plusieurs par alliance.*

Pons Grellet fut marié à Isabeau D'ARTASSE, sœur de noble Jean
d'Artasse, seigneur de Mondasse de Fix, qui est nommée dans un
acte en latin du 8 octobre 1467. Elle lui apporta le domaine fief de
Chaduzias, paroisse d'Allègre, que ses descendants possèdent
encore. La maison d'Artasse est d'ancienne chevalerie : Guy et
Pierre d'Artasse fondèrent avec Saint Pierre de Chavanon, le
monastère de Pébrac en 1062. Le second est appelé : « *Petri* DE
ARTUSSO » dans le cartulaire de Pébrac *(voy. Tablettes du Velay,
Tome V, p. 147.)* et « *Petri* DARTOS » dans le même Cartulaire
(ibid, p. 150.) Jehan d'Artasse, seigneur de Mondasse de Fix, en la
mouvance de Vissac, fut inscrit à l'armorial de 1450 [1]. Fiacre
d'Artasse, seigneur du Colombier, près Allègre et de Saint-Pal-de-
Murs, vivait en 1504. François d'Artasse, seigneur de Vedières et
Jehan d'Artasse, dit : « le bâtard de Mondasse », figurent parmi les
nobles du Duché d'Auvergne, qui prétèrent serment de fidélité au
Roi en 1523. François et Annet d'Artasse comparurent au ban des
nobles de la province d'Auvergne en 1543 et le même François est
qualifié, le 6 janvier 1542, « puissant homme, seigneur de
Vedières ». Jeanne d'Artasse avait épousé Gilbert Beraud, seigneur
de Courbière, de Bar ; elle vivait en 1520. Cette famille paraît avoir
fini en la personne de Louise d'Artasse, mariée le 5 mai 1609, à
Jacques du Crozet, écuyer, Seigneur d'Estivareille et en partie de
Javaugues.

Les enfants issus de ce mariage furent :

1° Robert, qui suit ;

2° Leonnette GRESLET *(ou Grellet)* mariée le 30 août 1462,
(devant Mathias notaire), à Jacques DE LA BORIE, écuyer, fils de
Loys de la Borie, écuyer, d'où sont descendus les Seigneurs de
Poulargues et de la Dorelière. [2] *(Voyez Tablettes du Velay T. VI,
p. 253)* ;

3° Pierre GRELLET, prêtre de l'église de Monlet, en 1502. *(Voy.
Tablettes du Velay, Pouillé du diocèse du Puy, art. Monlet T. VII, p. 279)* ;

[1] ARTASSE, porte :
« *de gueules à trois fasces*
« *ondées d'argent* »

[2] LA BORIE porte :
« *d'azur au chevron d'or*
« *accompagné de trois*
« *étoiles de même.* »

4° Blaize Grellet, homme d'armes des ordonnances du·Roi, servait avec Beraud Boulaud et divers habitants d'Allègre sous la bannière du baron d'Alègre à la bataille de Ravenne, en Italie, où ce Seigneur fut tué avec son fils, en chargeant à la tête des siens. Blaize Grellet mourut à Allègre en 1513 ;

5° Pierre Grellet figure avec *Antoine Charbonnel, Pierre Fabre, Jacques Pélissier, Antoine de Ribains* (et d'autres habitants de l'Auvergne et du Velay) dans la montre de cent quatre-vingt-dix francs archers faite à Narbonne, le 28 juin 1474, sous la charge de Geoffroy de Chabannes, Seigneur de Charlus (en Auvergne) leur capitaine général. *(Voy. Bibl. Nationale Manuscrits Français, vol. 21,948, n° 216, original sur parchemin.)*

L'historien de la maison des Chabannes (*T. 1, page 307*), l'appelle Pierre Grillet. Il est à remarquer que la même année 1474 Jeanne de Chabannes, fille de Geoffroy, Seigneur de la Palisse et de Charlotte de Prie, avait épousé Yves II baron d'Alègre, l'un des chefs de l'armée d'Italie, qui fut tué à Ravenne, où il commandait l'arrière-garde et que des membres de la maison d'Alègre figurent, à partir de ce jour, comme lieutenants de la Compagnie d'hommes d'armes et d'archers des Seigneurs de la Palisse, ce qui explique pourquoi on y retrouve les noms de plusieurs vassaux de la terre d'Allègre. Quelques-uns de ces noms ont été estropiés par les copistes mais il est facile de les reconnaître.

V. Robert Grellet, II° du nom, S° de Chabannes (paroisse d'Allègre) obtint, en 1485, de Jacques de Tourzel, baron d'Allègre la confirmation des privilèges accordés à feu Pons Grellet son père.

Il fit diverses acquisitions, en 1517, à André Millon, du lieu de Sannac et échangea, le 27 août 1521, à Barthélemy Benoist, habitant de Chabannes, divers héritages confinant ses terres. (*Le domaine de Chabannes appartient encore, en 1894, à M. Grellet de la Deyte, maire d'Allègre et conseiller général, son descendant à la onzième génération.*) Robert Grellet ne vivait plus en 1525. Il avait épousé Anne de la Viallevielle dame de Chabannes, [1] de l'ancienne famille des Seigneurs de la Viallevieille, près Varennes-Saint-Honorat, possessionnés à Chabannes et à Champforestier dès 1418. (*Voyez Tablettes historiques du Velay T. VI, p. 296 ; et le dictionnaire des anciennes familles de l'Auvergne, par A. Tardieu, col. 420.*)

[1] La Viallevieille porte : « d'or à trois boucs passants de sable, deux et un, au chef de gueules chargé de trois fleurs de lys d'or rangées en fasce. »

Leurs enfants furent :

1° Pons, qui suit ;

2° Blaise ;

3° Anthonia GRELLET, mariée, après 1536 à Pierre MOZAC Seigneur de Sailhens et du Chier, bourgeois de la ville d'Allègre
et capitaine de la porte de Monsieur, (*c'était la principale
porte fortifiée de la ville d'Allègre*), fils d'Antoine Mozac
et de Anne du Chier de Piessac. (1)

4° Jeanne GRELLET, mariée à honorable homme Jehan POBLE,
notaire Royal garde et tenant le scel de toute la terre et baronnie d'Alègre, vivant le 20 janvier 1557 et le 3 juin 1569, fils de
Laurent Poble, aussi notaire royal avant 1557 et petit-fils d'Antoine, notaire d'Allègre en 1517. Cette famille, connue depuis
Guillaume Poble, bourgeois d'Allègre le 11 mai 1462, s'est con
tinuée par Pons Poble, seigneur de Moulis en 1599 marié à Peronnelle d'Aubaron, d'où : noble Antoine Poble Seigneur du Pinet, qui épousa Marie Boutaud du Pinet, fille de Pierre, écuyer
Seigneur du Pinet, capitaine du château d'Allègre et de Marguerite de Dienne du Puy d'Aulhat, d'où : André Poble, écuyer
Seigneur du Pinet, du Bessioux qui épousa Madeleine de la
Colombe. Il était mort en 1652 et sa fille Louise Poble du Pinet,
épousa Etienne du Crozet, écuyer Seigneur du Chambon, demeurant à Promeyrat, paroisse de Saint Cirgues. (2)

VI. Pons GRELLET, II° du nom, Sʳ DE CHABANNES. Il reçoit quittance
le 27 septembre 1525, du prix d'une acquisition faite par feu Mᵉ Robert Grellet, son père. Il est qualifié : « Mestre Pons Grellet, notaire
royal d'Alègre » dans une autre quittance, en date du 8 avril 1528,
contresignée par Brohé, notaire et par Messires Lancelot des Filhes
et Benoît de Chardon, prêtres : il est cité parmi les principaux pro-
priétaires du village de Besse, à cause de son domaine de Chaduzias
et vivait encore le 27 juin 1540. Il avait épousé Marie DE MOZAC,
fille de Géraud, bourgeois et capitaine d'une des portes de la ville
d'Allègre de 1460 à 1529 et de Marguerite de Sailhans, celle-ci
était probablement la petite-fille de Antoine de Saillans écuyer,
Bailli d'Allègre, en 1433. *(Voy. Histoire de Clermont par Ambroise Tardieu.
T. I, p. 63.)* La famille Mozac ou de Mozac, anoblie au XVIᵉ
siècle, tenait de bien vieille date, un rang considérable dans

(1) MOZAC porte :
« *d'azur au croissant
« d'argent en abîme, au
« chef d'or chargé de
« trois roses de gueules
« rangées en fasce.* »

(2) POBLE DU PINET porte :
« *de gueules au chevron
« d'or, à la bordure com-
« ponée d'azur et d'or.* »

(¹) Mozac porte :
« *d'azur au croissant*
« *d'argent en abime, à*
« *un chef d'or chargé de*
« *trois roses de gueules*
« *rangées en faces.* »

la bourgeoisie de nos montagnes, possédant fiefs, armoiries (¹), bonnes alliances et grande fortune. Jean Mozac était consul de la ville du Puy, en 1219, Jacques figure en 1255 sur la liste des obits de Saint-Pierre-le-Monastier du Puy, Guillaume était abbé de Pébrac, le 12 des calendes de juillet 1247, François, Seigneur de Saillans (ou de Saillant), du Chier, près Allègre, se distingua en 1598, lorsque le duc de Nemours vint assiéger Allègre, Françoise, sa sœur, épousa Vidal de Chabron d'où sont descendus les Seigneurs de Solilhac et le général de division de Chabron, sénateur inamovible, président du Conseil général de la Haute-Loire ; Durand Mozac, écuyer Seigneur de Mondasse de Fix, de Vernassaulx, du Chier, de Beaurecœuil, conseiller du Roi, intendant des Gabelles à Issoire, épousa Isabeau d'Aurelle de Terreneyre ; leurs descendants se sont alliés aux de la Colombe-la-Chapelle, de Montservier, Arnault de Lespinasse et Amariton de Basserut. Les autres enfants de Geraud et de Marguerite de Sailhans furent : Pierre, auteur des Mozac de la Mônerie et de Libertye, éteints dans les Verny, d'Aubigneux et Serre de Gauzy, et Jean, prieur et curé de Crevon en Normandie, de 1540 à 1557, qui fit don à la ville d'Allègre d'une statue de Notre-Dame de Pitié réputée miraculeuse et qui est encore l'objet d'une grande vénération. *(Voy. la vie des Saincts et Sainctes d'Auvergne et de Velay, par Messire Jacques Branche T. I, page 105.)*

De cette alliance naquirent :

1º Jehan, qui suit ;

2º Anna GRELLET, marraine à Chomelix en 1588, de André de la Peyre ;

3º Claude (ou Clauda) GRELLET, mariée à Antoine DE VERTAMY écuyer demeurant à Chomelix, fils de Armand de Vertamy écuyer Châtelain d'Allègre. Il mourut à Chomelix, le 21 décembre 1589 ; elle mourut à Chomelix le 9 février 1600 et elle est qualifiée, dans son acte de décès, qui existe dans les registres de Chomelix : « *Dame Clauda Grellet* », ce qui n'était d'usage que pour les femmes de qualité. Suzanne de Vertamy, sœur d'Antoine qui précède, avait épousé Antoine Faure d'une très ancienne famille connue à Chomelix et à Allègre depuis le xivᵉ siècle. Ils avaient pour aïeul Mondon de Vertamy écuyer marié le 26 juin 1504 à Louise de Rochefort de Beauvoir. Cette maison d'ancienne chevalerie remonte à Hugues de Vertamy

damoiseau en 1335. Son petit-fils : Hugues II de Vertamy était
marié en 1401 avec Armande de la Roche-en-Reynier veuve
de Guillaume de Sereys damoiseau seigneur de Sereys et
co-seigneur de Chomelix-le-Bas, (*de la maison de
Chalencon.*) Guillaume de Vertamy, prêtre, transige,
le 20 mars 1437, avec Jean et Pierre de Bar damoiseaux. De
nos jours M. Henri de Brye, Président du Tribunal de Bourg
a été autorisé par décret, à ajouter à son nom celui de Vertamy, en vertu de l'adoption de Mme de Lachaise née de
Vertamy sa grande-tante. (1)
    4° Benoîte Grellet, marraine en 1558 de sa nièce.

VII. Jean Grellet seigneur de Chabannes, Garde du Scel Royal
de la terre et baronnie d'Allègre avait épousé, vers 1550, Catherine
Roux, (des seigneurs du Claud, par. de Félines et de Themey,
par. de Saint-Just), fille de Honorable homme Jehan Roux (2) et de
Jaquette Bayle ; (3) celui-ci fils de Claude Roux « notaire chancelier
garde et tenant le scel établi aux contrats en la terre et baronnie
d'Alègre le 24 août 1541 » et neveu de Messire Martin Roux prêtre
de l'église de Monlet le 8 novembre 1532. Jehan Roux est qualifié
le 16 septembre 1561 : « *fondé de procuration au Mandement
d'Alègre pour Michel de Veyny chevalier seigneur d'Arbouze,
Villemont, Garde et tenant le scel Royal établi aux contrats à Riom.* »
Messire Jacques Roux docteur en théologie était vicaire d'Allègre
en 1558 le 25 septembre. François Roux garde et tenant le scel
Royal en la cour de Montferrand, en Auvergne, le 21 mars 1575, fut
l'auteur d'une branche dites des seigneurs de Pontmort, d'Auzan,
de Bon-Recours, fixée à Riom, qui a produit des Consuls de Riom,
des Lieutenants Généraux, des Conseillers en la Sénéchaussée
d'Auvergne et un Secrétaire du Roi. A un autre rameau
appartenaient : Antoine Roux co-seigneur de Coubladour en 1542,
Claude seigneur du Claud de 1600 à 1660, Vincent, demeurant à
Saint-Just-près-Chomelix mariée, le 23 février 1669, à Antoinette
d'Alès de Montfaucon fille de Jean-Claude d'Alès écuyer seigneur de
Montfaucon; un de Roux seigneur de Themey, paroisse de Saint-
Just-près-Chomelix, vivait le 21 mai 1783 et habitait Paris, son
cachet représente trois pommes de pin deux et une.
    Jehan Grellet fut compris, en 1578, dans le terrier de Chabannes
à cause de la maison, granges, basse-cour, jardin, domaine, bois etc.,

(1) Vertamy porte : « *d'azur au chevron d'argent entravaillé dans trois fasces de même.* »

(2) Roux porte : « *d'argent à trois pommes de pin de gueules, 2 et 1.* » On trouve aussi : « *d'argent à trois roses de gueules 2 et 1.* »

(3) Bayle porte : « *d'azur à l'aigle éployée d'or accompagnée en pointe de trois roses d'argent.* »

qu'il tenait, en pagésie, audit lieu de Chabannes, mouvant du Marquisat d'Alègre. Il est dit qu'il habitait Allègre et était lieutenant de ladite ville. Il laissa :

1° Pons qui suit ;

2° Pierre, qui a fait la branche C des seigneurs DE LA DEYTE-MORANGES, qui sera rapportée ci-après ;

3° Jehan, qualifié : écuyer, homme d'armes dans la compagnie du Marquis d'Allègre, épousa Anna DE SAINT-GEORGES (1) ; on ne leur connaît pas de postérité. Il était né le dernier jour d'août 1556 et avait eu pour parrain Messire Jehan Mozac prieur de Crevon, en Normandie, son grand-oncle.

4° Benoicte GRELLET, née le 25 septembre 1558.

5° Autre Benoicte GRELLET, née le jour de Pâques 1566, eut pour parrain M. François Mozac seigneur de Boissières et du Chier.

6° Clauda GRELLET, née le 16 novembre 1567, eut pour parrain Antoine Ardailhon Greffier de la terre d'Allègre et pour marraine Clauda Poble. Elle fut mariée à Chadouart, paroisse de Chomelix, à honneste fils Jean PESTEILS, (2) frère de Morinot Pesteils lieutenant de Chomelix et de Saint-Just, qui avait lui-même épousé Françoise de Chardon fille de Jehan et de Catherine de Ribes, celle-ci fille de Noble Antoine de Ribes écuyer seigneur dudit lieu paroisse de Retournac en Velay. Clauda Grellet mourut le 2 octobre 1610.

7° Pons Grellet consul d'Allègre en 1598.

VIII. Pons GRELLET seigneur DE CHABANNES, IIIᵉ du nom, fut lieutenant général du marquisat d'Allègre à la mort de son père et exerçait cette charge en 1598, n'étant âgé que de vingt-sept ans. Il fut honoré de la confiance de Jacqueline d'Aumont marquise douairière d'Alègre, qui le nomma, en 1593, gouverneur de la ville d'Allègre, pour le roi Henri IV, lorsque cette place fut assiégée le 8 août par le duc de Nemours chef des ligueurs. Il fit preuve, dans ces fonctions, d'intrépidité et de hautes qualités morales. Après une défense honorable la ville d'Allègre, bombardée et prise par la famine, fut réduite à capituler ; le duc de Nemours y mit une grosse garnison de cavalerie, la dame d'Allègre, son lieutenant et ses vassaux se retirèrent au château de Saint-Pal-en-Chalencon, « *l'ennemi s'étant saisi de tous leurs moyens* », au mépris de la capitulation et

« *ne leur ayant laissé que la langue pour prier Dieu* ». Mais le 3 octobre 1593, après avoir fait un vœu à Notre-Dame de l'Oratoire patronne d'Allègre, Pons Grellet, à la tête des habitants d'Allègre, surprit la garnison du duc de Nemours, pénétra de vive force dans le château d'Allègre et en expulsa les ligueurs. Une curieuse pièce, conservée dans les archives de M. Grellet de la Deyte, son descendant, relate ce fait et l'établissement par les consuls d'Allègre, en 1598, d'une procession commémorative d'actions de grâces. (*Voy. : Mémoires de Jean Burel, par A. Chassaing, p. 351 ; — l'Auvergne illustrée par A. Tardieu, pp. 38 et 40 ; — et Tablettes historiques du Velay, T. VII, p. 305.*)

Pons Grellet était né le 18 mai 1561. Il fit diverses acquisitions au Mallet et à la Clède, en 1588. Nous voyons par le terrier d'Allègre et par un acte sur parchemin, en date du 24 juillet 1599, qu'il possédait des terres à Dumignac et à Langlade, dans la paroisse de Ceaux et le domaine de Chaduzias. Il vendit, à son frère Pierre, le domaine fief de Chabannes, où l'on voit encore la moitié de l'ancienne maison du XVᵉ siècle avec sa porte moulurée et sa fenêtre à meneau. Les armes de Pons Grellet : *de sinople au lion d'argent armé, lampassé couronné d'or* sont les mêmes que celles des Grellet de Graleul et de la Rochebreteau ses aînés. Suivant l'usage alors adopté par les cadets il les chargeait de *sept grelots d'or en orle*, comme brisure. C'est ainsi qu'elles sont sculptées sur une pierre

assez grande, accompagnée d'un lion et d'une lionne couchés, qui décorait la porte d'entrée de la cour de Chabannes, d'où elle a été transportée à Beaulieu près Sarliève en 1787 et de là à Lezoux, où elle se trouve actuellement. (*M. A. Tardieu* en a donné, dans l'*Auvergne illustrée, p. 40, 1ʳᵉ année* ; un facsimile que nous reproduisons.)

Pons Grellet épousa Marie-Marguerite DE MARCLAND, (des seigneurs de Fiougoux et de Rochefolles près la Chaise-Dieu), fille de Gaspard (1) seigneur du Champ, co-seigneur de Benau et d'Anval, châtelain de Beaumont et de sa seconde femme Marie Combraille et nièce : de noble Just de Marcland seigneur de Fiougoux marié le 5 septem-

(1) MARCLAND porte : « d'or au chêne de sino- « ple planté sur une « terrasse de même. »

bre 1572 à Marie d'Apchier, de Barthélemy seigneur de Rochefolles et
de Sébastien lieutenant général de la Chaise-Dieu avant 1613 ; tous
fils de Geraud, lieutenant-général de la Chaise-Dieu, marié à Clauda
de Varènes (ou de la Varenne) de Valards. Plus anciennement on
trouve : noble Pierre de Marcland seigneur du Crozet près Craponne, qui vendit sa métairie noble du Crozet au vicomte de
Polignac, le 19 août 1540. *(Voy. Garde des Fauchers, édition de 1777,
pp.55, 56 et 57.)* Pons Grellet mourut jeune laissant :

1° Pons GRELLET, qui est qualifié, le 2 juillet 1620, « seigneur
DE VILLENEUVE, docteur ès-droits, avocat en la sénéchaussée
d'Auvergne à Riom et lieutenant-général du marquisat
d'Allègre. » Il épousa sa cousine Marie DE MARCLAND, (1)
fille de Sébastien seigneur de la Chassaigne, lieutenant-
général de la Chaisedieu et de Suzanne Chalvon. Il mourut
en 1631 laissant :

> A Gaspard GRELLET né à Allègre en 1622, que l'on croit mort
> sans alliance.
> B Marguerite GRELLET, était mineure et sous la tutelle de M.
> Pierre Grellet le 15 février 1642, lorsqu'elle reçut les
> arrérages de ce qui était dû à Marie de Marcland sa mère
> par Honorables hommes MM^es Jacques et Jehan Fournier
> bourgeois de Saint-Ilpize, en qualité de maris de dames Su-
> zanne et Marguerite de Marcland, filles de Joseph et petites-
> filles de Sébastien. *(Les Fournier sont connus à Saint-Ilpize
> et à Langeac depuis le XIVe siècle.)*

2° Claude, qui suit ;

3° Vénérable personne messire Pierre GRELLET, docteur en
théologie, prêtre et chanoine de l'église de Saint-Julien-
de-Brioude 1630-1646 ;

4° Dom Claude GRELLET, religieux bénédictin de Saint-Maur dans
l'abbaye de la Chaise-Dieu, en 1646 ;

5° Catherine GRELLET, mariée à Vincent ROBERT, seigneur DE
LORANGE, (2) capitaine (dit : *le capitaine Lorange*), fils
de François seigneur de la Farge, près Chomelix (dit : *le
capitaine la Farge*), et de Françoise de Mozac ;

6° Jacquette GRELLET, mariée à Robert FAURE, docteur ès-
droits. Elle était veuve le 22 avril 1644. Les Faure étaient
fixés à Chomelix depuis le XIVe siècle. « Sages hommes
MM^es Guilhaume Faure et Pierre de la Farge, notaires et
avocats de Chomelix, furent arbitres dans une procédure

(1) MARCLAND porte :
« *d'or au chêne de sino-
ple planté sur une
terrasse de même.* »

(2) ROBERT DE LA FARGE
porte :
. . . .

faite par le bailli d'Allègre le 12 octobre 1418. » Cette ancienne famille de robe, [1] dont les membres étaient, de père en fils, baillis de Chomelix, a des alliances avec les de Fretat, du Favet, de Vertamy, Rochette, Paulze d'Ivoy, Ravel, de Bronac de Vazelhes. Son représentant actuel est M. Hilaire Faure, ancien président du tribunal de Valence et ancien conseiller d'arrondissement de la Chaise-Dieu, qui a été victime de la suspension de l'inamovibilité de la magistrature.

IX. Claude GRELLET seigneur DU BESSIOUX, lieutenant général du marquisat d'Allègre, épousa en 1627, Claire DES FILHES, [2] fille de Barthélemy et de Clauda Hugon, [3] des seigneurs de Promeyrat et de Censsac près Paulhaguet ; et petite-fille de noble Philippe des Filhes vivant en 1551 et de Marie de Fretat ; celle-ci sœur de l'abbé de la Chaise-Dieu et de Pierre de Fretat, seigneur et baron de la Deyte, de Sarra, élu pour le roi au bas pays d'Auvergne et député aux Etats de Blois. [4] Claude Grellet acquit, le 13 novembre 1660, de Madeleine de la Colombe et de Jean de Poinsac, son second mari, le domaine fief du Bessioux, qui faisait partie de la seigneurie du Pinet. Nous lisons dans les registres d'Allègre :

« *Honorable homme Claude Grellet, lieutenant général du* « *marquisat d'Alègre mourut le dernier jour de février 1669 et le* « *lendemain fust enterré, avec toutes les cérémonies et solemnités de* « *l'Eglise, dans nostre église, en sa tombe, dans la chapelle de* « *Saint-Claude.* »

Il laissa : Barthélemy qui suit ;

X. Barthélemy GRELLET seigneur DE LIOUZARGUES, DE CHARDAS, DU BESSIOUX et en partie DE CHAMBAREL, premier consul de la ville d'Allègre en 1667, né le 16 décembre 1628, acquit, le 25 janvier 1687, d'Etienne du Crozet, écuyer seigneur du Pinet et de Louise Poble du Pinet sa consorte, la seigneurie de Chardas et de Chambarel ; il fut marié deux fois : 1° le 2 septembre 1646 à Jeanne DE CHARDON DE VARENNES [5], fille de Benoît, seigneur de Varennes et de Champlong et de Jeanne de Langlade, assistent au contrat : « *Vénérables et religieuses personnes : Dom Guillaume de Chama-* *roux hostelier-mage, Dom Jean de Chardon et Dom Claude Grellet,*

[1] FAURE porte :
« *d'azur au croissant* « *d'argent en abime, à* « *un chef d'or chargé de* « *trois molettes de sable* « *rangées en fasce.* »

[2] DES FILHES (alias DE LA FILHE) porte :
« *d'azur à une aigle es-* « *sorante d'argent bec-* « *quée et membrée d'or.* »

[3] HUGON porte :
« *d'azur au chevron d'or* « *accompagné de deux* « *étoiles d'argent en chef* « *et d'un lion d'or en* « *pointe.* »

[4] FRETAT porte :
« *d'azur au croissant* « *d'argent accompagné de* « *deux roses d'or en chef.* »

[5] CHARDON porte :
« *d'or au chevron de* « *gueules, accompagné de* « *trois chardons tigés et* « *feuillés de même.* »

religieux bénédictins dans l'abbaye de la Chaise-Dieu, Messires Jean de Langlade, docteur en théologie, prieur de Molaizon de Sainte-Colombe, Antoine de Langlade, docteur en théologie, chanoine de Saint-Médard de Saugues, Pierre Grellet, chanoine de Saint-Julien de Brioude, Claude Combres, curé d'Allègre, Antoine Pontès, prieur de Ceaux, noble Guillaume de Lescure seigneur du Cros, noble Charles de la Chassaigne seigneur du Creyssadour, noble André Poble seigneur du Pinet, nobles Pierre Mozac seigneur de Mondasse, et Claude Chardon seigneur de Varennes, Raymond de Fretat de Chomelix, et MM. Jean Grellet de Châteauneuf et Pierre Grellet des Crozes et autres parents et amis. » Jeanne de Chardon avait pour frères et sœurs : 1° Claude, seigneur de Varennes ; 2° Joseph, seigneur du Chaufour; 3° Isabeau mariée à Antoine Boulaud seigneur de la Cléde ; 4° Françoise mariée à Benoît Couderc, tige des seigneurs du Chaufour; 5° Anne mariée le 8 février 1654 à Claude-Jacques du Crozet, écuyer, seigneur de Bonnefont, co-seigneur de Javaugues. Le château de Chardon, paroisse de Monlet, est le berceau de cette famille connue depuis le XIIIe siècle. De Jean de Chardon, seigneur des Roys (paroisse de Boisset, en Velay), marié le 27 février 1615 à Marie de Chalencon de Rochebaron (*nièce, par sa mère Marguerite d'Aumont, du Maréchal d'Aumont auteur des ducs d'Aumont et de Jacqueline d'Aumont marquise d'Allègre*), sont descendus les seigneurs des Roys, de Borne et de Lanthenas, qui sont sur le point de s'éteindre, et les seigneurs de Rochedagoux qui ont fini par deux filles mariées : l'une au comte de Sampigny d'Effiat, l'autre au baron de Bonnefoy de Chirat.

Barthélemy GRELLET se remaria à Marguerite BIGOT dame DE LIOUZARGUES (paroisse de Roffiac, élection de Saint-Flour), veuve de Jean de Sauret et rendit hommage pour la terre de Liouzargues, en toute justice, le 21 janvier 1681. (*Archives nationales, registres de la Chambre des Comptes, n° P. 503ª, cote 313.*) voir encore : *Noms féodaux par de Bettancourt, art. Grellet T. II, p. 227; art. Bigot (Isaac) T. I, p. 112 et art. de Sauret d'Auliac T. IV, p. 94.*)

(¹) BIGOT porte : « écartelé aux 1 et 4 d'argent à une foi de gueules ; et aux 2 et 3 de sable à la fasce dentelée d'or. »

Marguerite Bigot était fille de Isaac Bigot seigneur de Sainte-Marie (1) etc. (près Saint-Flour) et de Françoise Coutel (ou du Coustel) sa première femme. (*Voyez Nobiliaire d'Auvergne par Bouillet, art. Coutel*). Les Coutel sont alliés aux d'Albiac. Ils ont fait la branche des seigneurs de Glavenas et du Monnet, en Velay, alliés aux de

Lobeyrac, Polaillon, Cheminades, la Chassaigne-Sereys, Pons de Pouzols, Couderc du Chaufour, etc.

Du premier mariage de Barthélemy avec Jeanne DE CHARDON naquirent :

1° Barthélemy, qui continua la descendance ;

2° Joseph GRELLET, prêtre et prieur de Saint-Jean-de-Ceaux, embellit son église et la dota d'un magnifique autel et de belles cloches qui existent encore. Il était né le 21 août 1662, son titre clérical est du 17 juin 1686 ; il était encore prieur de Ceaux en 1721 et fut inhumé dans l'église où l'on voit son épitaphe ;

3° Benoît GRELLET, prêtre de la communauté de l'église de Saint-Martin d'Allègre, né le 15 mars 1653, mort le 8 août 1707 ;

4° Jeanne GRELLET, née le 26 septembre 1650, eut pour parrain Claude Grellet, lieutenant-général du Marquisat d'Allègre, son aïeul paternel, et pour marraine Jeanne de Langlade, son aïeule maternelle ;

5° Claire GRELLET, née le 26 novembre 1656, fit profession le 16 juillet 1678 dans le couvent des Augustines de Craponne ;

6° Anne GRELLET, née le 30 juillet 1659, eut pour parrain Messire Antoine Pontes, prieur de Ceaux, et pour marraine Anne de Chardon, épouse de Jacques du Crozet, écuyer seigneur de Bonnefont, sa tante maternelle : elle fut religieuse Augustine à Craponne avec sa sœur Claire.

Du second mariage de Barthélemy avec Marguerite BIGOT, dame DE LIOUZARGUES, naquirent :

7° Claude GRELLET seigneur DU BESSIOUX, DE CHARDAS et co-seigneur DE CHAMBAREL, né à Allègre le 7 février 1667, eut pour parrain Claude son aïeul, et pour marraine Madeleine Bigot. Il fut consul d'Allègre en 1693. Il est qualifié le 31 décembre 1706 avocat en Parlement et premier consul de la ville d'Allègre. Il vendit le 17 juillet 1710 au marquis d'Alègre, la seigneurie de Chardas et de Chambarel. Il épousa : 1° Marie BOUTAUD DU PINET (1) ; 2° après 1701 et avant 1705, Françoise CARLE, née à Ceaux le 8 mai 1674, fille de Guillaume et de Benoîte Couderc du Chaufour, (celle-ci fille de Benoît et de Françoise de Chardon de Varennes), Guillaume Carle était fils de André, bour-

(1) BOUTAUD DU PINET porte :
« d'azur au chevron d'or, « accompagné de trois « roses de même. »

geois de Ceaux et de Agnès de la Volpilière, veuve le 23 avril 1683. Claude Grellet mourut le 17 mai 1714. Il ne laissa pas de postérité légitime de ces deux mariages. Le domaine-fief du Bessioux, retenu par son frère Joseph, prieur de Ceaux, revint à Jacques Grellet, neveu de celui-ci ;

8° Jacques GRELLET seigneur DE LA PRADE (paroisse de Jozat), né le 6 août 1668, eut pour parrain Messire Jacques Bigot, prieur de Jozat, docteur en théologie, son oncle maternel, et pour marraine Claire des Filhes, son aïeule paternelle. Il fut lieutenant dans Orléans-Infanterie et servit en Espagne dans l'armée du maréchal de Noailles. Il se maria très richement en Espagne et y mourut sans postérité ;

9° Jean GRELLET, né en 1669, mort jeune.

10° Benoît-Gabriel GRELLET, né le 20 juin 1670, eut pour parrain Benoît GRELLET son frère, et pour marraine demoiselle Gabrielle de Sauret.

11° Isaac GRELLET, né le 15 décembre 1671, eut pour parrain Isaac Bigot, de Saint-Flour, devint prêtre et religieux Franciscain ;

12° Marguerite GRELLET, née le 25 octobre 1674, eut pour marraine Marguerite Bigot demoiselle de la Chassaigne (*sic*). Elle devint religieuse Augustine dans le couvent de Craponne ;

13° Marie GRELLET, née le 17 novembre 1675, morte en 1743, religieuse et supérieure du couvent de Saint-François dans la ville d'Allègre, fit don de sa maison le 16 juillet 1742, aux religieuses du Tiers Ordre de Saint-François qui y résident actuellement ;

14° François GRELLET, né le 3 avril 1677, eut pour parrain François Bigot, seigneur de Vernerolles, Garde du Corps du Roi, son oncle maternel, et pour marraine Marguerite Ranvier (des seigneurs du Bladre et de Bellegarde), épouse de Claude de Chardon, seigneur de Varennes ;

15° Isabeau GRELLET, née le 7 août 1679, eut pour parrain François Bigot, seigneur de Vernerolles, « pour et au nom de Sr Jean de Sauret, seigneur de Passarelle » ; Elle épousa, le 22 mai 1708, Pierre FORNIER, (1) veuf de Benoîte de Brohé.

16° Catherine GRELLET, mariée à Jacques-Ignace COUDERC DU CHAUFOUR, né le 5 juin 1672, lieutenant général de la ville et du marquisat d'Allègre, fils de Benoît, seigneur du

(1) FORNIER porte : « d'azur à une colombe « essorante d'argent te- « nant en son bec un ra- « meau d'olivier d'or, « accompagnée en chef « d'un croissant accosté « de deux étoiles d'or et « en pointe, d'une étoile « accostée de deux crois- « sants de même. »

Chaufour, (1) bailli de Murs, lieutenant général du marquisat d'Allègre, et de Françoise de Chardon ; (leur fille : Marguerite, morte en 1764, avait épousé Guillaume du Rif de la Roche, fils de Jean-Pierre et de Benoîte Grangier, « présent : Jean-Pierre de Brye, de Chomelix, germain du futur); »

17° Françoise GRELLET, vendit au marquis d'Alègre, le 29 décembre 1719, conjointement avec sa sœur Catherine, qui précède, le domaine de Sannac, en qualité d'héritières de Claude leur frère, et Catherine retint le domaine de Chambarel ;

18° Marie GRELLET, religieuse de Saint-François dans le couvent d'Allègre, qu'elle enrichit de ses dons en 1754 ;

XI. Barthélemy GRELLET, seigneur de CHARDAS et en partie DE CHAMBAREL, II° du même nom, céda ce fief à son frère Claude, qui le vendit au marquis d'Alègre en 1710 et garda, en échange, le domaine de Chaduzias, provenant de la maison d'Artasse, où il fit sa résidence. Il fut docteur en droit de l'université de Valence et avocat au Parlement de Toulouse, premier consul de la ville d'Allègre en 1693. Il plaidait le 17 février 1693 avec les consuls d'Allègre qui prétendaient : « que ledit Sr Grellet possédant deux maisons et de grands biens dans le territoire de la ville et faubourg d'Allègre, devait y être imposé. » Il était né le 22 mai 1654 et fut inhumé le 30 mars 1735, « dans le tombeau de ses aïeux, en sa chapelle de Saint-Claude, dans l'église d'Allègre. » Il épousa le 10 février 1684, Catherine ROUCON, (2) née le 5 février 1666, fille de Jacques Roucon, premier consul d'Allègre en 1675 et de Marie Monatte, (celle-ci sœur de François lieutenant général du Marquisat d'Allègre, marié à Antoinette de la Vaissière-Cantoinet).

Noble Joucerande Roucon, de Lissac, fut mariée à Hugues de la Rochelambert, damoiseau qui testa le 29 août 1348. Dans leur contrat, en langue romane, daté de 1313, il est appelé : de Rochalembertà et elle est nommée : noble Joscérande de Rocos. (Leur fils : Hugues III de la Rochelambert, chevalier, épousa le 23 décembre 1361, Catherine de Ceaux et leur fille : Guigonne fut accordée le 30 janvier 1353 à Robert Bravard damoiseau seigneur d'Eyssac.) Etienne Roucon seigneur de Saint-Bauziry habitait Lissac le 3 juillet 1617, Jehan Roucon seigneur de la Fontaine

(1) COUDERC DU CHAUFOUR porte : « d'argent au chevron de « gueules accompagné en « chef d'une étoile d'azur « et en pointe d'un crois-« sant de même surmonté « d'un bouc passant de « sable. »

(2) ROUCON porte : « d'argent au chevron « de gueules, accompagné « d'un croissant d'azur « en pointe ; au chef d'a-« zur chargé de deux « étoiles d'or. »

mourut en 1650, Marie Roucon était veuve de Claude de Morvilliers le 15 avril 1654 ; Jacques, frère de Catherine qui précède, épousa Françoise Perron (des seigneurs de Trézieux) fille d'Antoine demeurant à Fournols et de Catherine de Mozac, et sœur de Marie Perron mariée à Benoît du Crozet écuyer seigneur de Ronquerolles ; messire Benoît Roucon, prieur et curé d'Allègre, mourut le 4 octobre 1752. Barthélemy Grellet testa le 22 mars 1735 et Catherine Roucon le 24 mars 1738, elle fit une fondation de cinq messes annuelles à perpétuité dans l'église d'Allègre et un legs aux pauvres de l'Hôtel-Dieu d'Allègre. De cette alliance naquirent :

1° Jacques qui suit ;

2° Julien GRELLET, prêtre, docteur en théologie, prieur et curé d'Allègre de 1753 à 1771, chanoine et archiprêtre du Chapitre de Saint-Georges de Saint-Paulien. Son titre clérical est du 10 novembre 1734. Il mourut en odeur de sainteté. (*Voy. Tablettes du Velay, T. VII, p. 256.*)

3° Claude GRELLET S^r DU BESSIOUX, épousa Marie BONNAFOUX, il vendit ses biens et quitta Allègre, on lui connaît pour fils :

A André GRELLET, né en 1749 au mois d'avril, religieux capucin, curé de Monlet, inscrit sur la liste des émigrés de la Haute-Loire, arrêté comme prêtre réfractaire et déporté à l'Ile-de-Rhé, où il mourut victime de la Révolution ;

4° Marie ;

5° Jeanne GRELLET, mariée en 1710 le 13 novembre, à son cousin : Julien GRELLET [1] chirurgien, consul d'Allègre, veuf de Marguerite Tissandier, fils de Jean Sr de Châteauneuf et de Marie Grangier (celle ci *sœur* de Julien, *tante* de François Grangier Seigneur d'Ampillac bailli du Marquisat d'Allègre et *grande-tante* de Pierre Grangier écuyer Seigneur de Vedières, Cordès, Orcival, Saint-Bonnet, la Tour-Vidal, avocat distingué à la Sénéchaussée d'Auvergne à Riom, puis secrétaire du Roi, d'où sont descendus les Grangier de la Mothe barons de Cordès, éteints dans la maison de Wautier.)

(1) GRELLET porte : « de sinople au lion d'argent armé, lampassé, couronné à l'antique d'or, accompagné de sept grelots de même en orle »

XII. Jacques GRELLET, qualifié S^r DE CHADUZIAC, dans son acte de mariage, fut seigneur DU BESSIOUX et DU VERDIER après Claude son oncle et inscrit, à cause de ce fief, dans le rôle des domaines et seigneuries de l'Election de Brioude, dressé en 1752 par M. l'eirenc de Moras chevalier seigneur de Saint-Priest, etc. Intendant d'Auvergne. Il était né en 1700 et mourut à Allègre le 7 octobre 1780, âgé de quatre-vingts ans. Il fut, comme la plupart des siens, premier consul d'Allègre désigné le 8 août 1734, et *le premier consul était toujours choisi parmi les représentants de la noblesse ou de la haute bourgeoisie*. Il en était de même au Puy. Dans les villes importantes cette charge anoblissait; c'est ce qu'on appelait la noblesse d'Echevinage ; ainsi : les Echevins de Lyon, les Capitouls de Toulouse, les Maires de la Rochelle, Nantes, Niort, Bourges, etc., ont fait souche de Gentilshommes. Jacques Grellet épousa, le 25 janvier 1723, Catherine BOUTAUD DE LA CLÈDE [1], d'une famille noble et ancienne, qui a possédé les seigneuries du Pinet, du Bouchet, de la Clède, de la Besserolle, de Ferrut et qui a été maintenue en 1669, sous le nom de DU PINET, dans sa noblesse d'extraction, par jugement de M. de Fortia, Intendant d'Auvergne. Catherine était fille d'André vivant de 1678 à 1721 et de Marie Grellet, petite-fille de Jacques Boutaud et de Catherine Blot, celui-ci fils de Jean marié à Anna Boudon, petit-fils de Blaise marié à Françoise d'Eldèves vivant de 1565 à 1626, lequel Blaise était frère : 1° de Antoine Boutaud seigneur de la Clède consul d'Allègre en 1598 ; 2° de Jacques seigneur de la Bastide en 1590, secrétaire de Jacqueline d'Aumont marquise d'Alègre; 3° de Jean ; 4° de Claude, tous quatre fils de autre Blaise Boutaud écuyer seigneur du Pinet, de la Besserolle, etc., capitaine de cent chevau-légers en 1579 et de Françoise de la Clède [2] sa seconde femme, fille de noble Antoine de la Clède et de Marguerite du Chier, celle-ci fille d'Antoine du Chier, écuyer seigneur de Piessac et de Jeanne de la Forest.

La filiation des Boutaud remonte à Beraud Boutaud écuyer, sergent de bataille de la Compagnie des Archers du baron d'Alègre au voyage de Naples, qui obtint du Roi Charles VIII, le 2 février 1495, des lettres de réhabilitation de noblesse où il est dit : « *que c'est par erreur et désuétude que les ancêtres dudit Boutaud ont payé la taille et qu'ils étaient d'ancienne noblesse d'extraction...* » Il épousa Béatrix de Beraud [3] *dame du Pinet, fille de noble Pierre Beraud de Servissas seigneur de Courbières, de Bar, du Pinet, marié le 14 janvier 1479 à Antoinette Vigier de Villedieu, fille de Vidal Vigier écuyer seigneur de Villedieu, de Chomelix en partie, du Béage, etc., de 1464 à 1470.*

De cette alliance vinrent :

(1) BOUTAUD porte :
« *d'azur au chevron d'or, accompagné de trois roses de même.* »

(2) LA CLÈDE porte :
« *d'or à une clef à l'antique d'azur, posée en pal.* »

(3) BERAUD DE COURBIÈRES porte :
« *d'or à la fasce de gueules.* »

(¹) Chapuis porte :
« d'or à un chat effarou-
« ché de gueules issant
« d'un puits de sable
« maçonné d'argent. »

(²) Du Rif de la Roche
porte :
« d'azur au chevron d'or
« accompagné d'un ro-
« cher de même mouvant
« de la pointe de l'écu et
« en chef d'un croissant
« d'argent accosté de
« deux étoiles d'or. »

(³) Jurie porte :
« d'argent au chevron de
« gueules accompagné de
« deux étoiles de sable en
« chef et d'un croissant
« de même en pointe. »

1° Claude qui suit ;

2° Joseph qui a fait une branche cadette ;

3° Catherine GRELLET mariée le 9 mai 1769 à Alexandre CHAPUIS Sr du Verger, fils de Pierre lieutenant du bailliage de Domeyrat et de Marie du Pont ; (¹)

4° Catherine-Marie GRELLET religieuse du Saint-Sacrement dans le couvent de Mâcon, chassée de son couvent en 1793 revint à pied de Mâcon à Allègre, à travers mille dangers et mourut dans l'exercice des plus hautes vertus ;

5° Marie-Isabeau GRELLET née le 2 octobre 1744 mariée le 4 août 1780 à Pierre Augustin DU RIF DE LA ROCHE Sr de la Coste, fils de Jean-Pierre seigneur de Fressanges (²), lieutenant du bailliage d'Allègre et de Benoîte Grangier d'Ampilhac (celle-ci sœur : de Pierre Grangier, écuyer seigneur de Vedières, de Cordès et d'Orcival secrétaire du Roi ; de Jacques seigneur de la Mothe ; de Marie épouse de Jean Fornier et de Anna mariée le 14 novembre 1735, à Jean-Joseph Dupuy de la Grandrive.)

XIII. Claude GRELLET Sr DU BESSIOUX, DE CHADUZIAS et co-seigneur DE VARENNES, IIe du nom, premier consul d'Allègre en 1769, né le 8 mai 1735, épousa, à Auzon, le 12 février 1770, Catherine JURIE, fille de Claude Jurie, Sr de Vergongheon, bailli de la Ville et Prévôté Royale d'Auzon et de Catherine Grellet de la Deyte (³). Intervient au contrat Barthélemy Grellet seigneur de la baronnie de la Deyte et autres places, conseiller du Roi, président de l'élection d'Issoire, oncle des mariés, auxquels il fait une donation en considération dudit mariage. (Parmi les signatures des assistants on remarque les noms suivants : Brassac, de Pons, d'Apchier, d'Oradour, qui appartenaient aux familles les plus qualifiées de la Province.)

De ce mariage naquit Claude-Barthélemy GRELLET DE LA DEYTE, qui a réuni en une seule les diverses branches de sa maison et qui sera rapporté plus loin, au XIVe degré, avec Marie GRELLET DE MORANGES, sa femme, d'où postérité.

BRANCHE C

Seigneurs de la DEYTE, de MORANGES,
de la MARCONNERYE, du MAS du CHOMEIL,
de CHATEAUNEUF du DRAC, de BEAULIEU, etc.

(EXISTANTE)

VIII. Pierre GRELLET S^r DE CHABANNES, fils de Jehan et de Catherine Roux, naquit à Chabannes, paroisse d'Allègre, le 3 novembre 1563, eut pour parrain Pierre de Mozac, demeurant à Marssac, son oncle, et pour marraine Charlotte de Nay. Il avait épousé, avant 1596, Marguerite DE CROTTES fille de Jean et de Isabeau de Chardon. (1) La maison de Crottes est fort ancienne : « *Guillelmus de Crotas* » est cité dans la transaction qui intervint, le 13 des calendes d'août 1255, entre le prieur de Saint-Pierre-le-Monastier et les chanoines de Notre-Dame du Puy. Noble Peyroche de Crottes S^r dudit lieu paroisse de Beaune, diocèse du Puy, était bailli de Chalencon le 16 janvier 1388. Pons de Crottes était chanoine de Notre-Dame du Puy en 1373, Pierre de Crottes chanoine et syndic de l'Université de Saint-Mayol, en 1405, légua au trésor de Notre-Dame une chappe rouge. (*Médicis, T. I, p. 124.*) Hugues de Crottes, chanoine de Notre-Dame, fut l'un des témoins qui assistèrent, le 28 avril 1428, à la vérification des reliques de Saint-Georges, lors du différend qui s'éleva entre le Chapitre de Saint-Georges du Puy et le Chapitre de Saint-Georges de Saint-Paulien. (*Tablettes du Velay, T. IV, p. 222.*) Le dernier de ce nom fut Julien, l'un des notables habitants de la ville d'Allègre qui signèrent le 15 novembre 1698, le procès-verbal d'incendie du Château d'Allègre. On voit encore, à Saint-Paulien, une curieuse maison du XIIIe siècle qui fut le berceau de cette famille.

Pierre Grellet acquit, par échange avec son frère Pons, le dimanche 28e jour d'août 1619, deux métairies à Chabannes et à Sannac, provenant de Anne DE LA VIALLEVIEILLE leur arrière-grand'mère; il céda à son frère sa maison d'Allègre, située sur la place du Marche-dial et le jardin qui en dépendait. On le trouve qualifié, en 1604,

(1) CROTTES porte :
« *de gueules à trois
« annelets d'or 2 et 1,
« accompagnés en chef
« d'un lambel à trois
« pendants d'argent, à la
« bordure d'azur.* »

1614, notaire royal garde du scel du marquisat d'Allègre et en 1618 lieutenant général du marquisat d'Allègre, après la mort de ses deux frères. Cette charge, qui était la plus importante de la ville, devait passer après lui, sur la tête de ses neveux Pons et Claude, comme il a été dit plus haut et fut ainsi occupée, successivement, sans interruption, par six membres de la même famille.

Il laissa :

1° Jehan, Sʳ de Chabannes, qui suit ;

2° Pierre GRELLET Sʳ DES CROZES, né le 3 février 1603, eut pour parrain Pierre de Crottes, son grand-oncle et pour marraine Anna de Saint-Georges sa tante paternelle par alliance. Il épousa Vidalle GARNIER DES CROZES et fut présent, le 2 septembre 1646, au contrat de mariage de Barthélemy Grellet son cousin avec Jeanne de Chardon; sa postérité est éteinte ;

3° Pons GRELLET, prêtre titulaire de la Vicairie de sainte Catherine en l'église de Notre-Dame de Grandlieu, afferme le 28 février 1648 à Messire... Chazal, prêtre de Saint-Paulien tous les cens et rentes dus à ladite Vicairie ;

4° Claude GRELLET prêtre, chanoine et syndic du chapitre de Saint Georges de Saint-Paulien, titulaire de la Vicairie de la Roue, en ladite église, le 9 mars 1644 et le 22 septembre 1659 ;

5° Pons GRELLET, premier consul d'Allègre en 1672, naquit le 23 octobre 1612 et fut marié à Anna BONNEFOY, sœur de Guillaume bailli du Marquisat d'Allègre, *dont la fille Marguerite épousa Joseph de la Salle seigneur de Vals-le Chastel, fils de Gabriel et de Anne de Vichy de Berbezy.* Les Bonnefoy seigneurs de la Vernède et de Feneyrolles sont connus à la Chaise-Dieu depuis le xvᵉ siècle, ils ont des alliances avec les Paulze d'Ivoy et les du Bourg et portaient cette devise : « *ad firmandum cor sincerum bonna fides sufficit* », autour de leurs armes, qui sont peintes, dans l'église de la Chaise-Dieu, aux pieds du Christ qui surmonte le Jubé (1).

6° Jehan GRELLET Sʳ DE CHATEAUNEUF, greffier du Marquisat d'Allègre, demeurant à Châteauneuf, où il possédait un domaine considérable qui s'est ensuite subdivisé, *né le jour de Noël 1601, à l'heure de minuit,* eut pour parrain Jehan Grellet, Sʳ de Chabannes son ayeul et

(1) BONNEFOY porte : « *d'azur à une foy d'or,* « *tenant un cœur de* « *gueules, accompagnée* « *d'une étoile d'or en* « *chef et d'un croissant* « *de même en pointe.* »

pour marraine Marie de Chalencon de Rochebaron, épouse
de Jean de Chardon, sa tante à la mode de Bretagne. Il
épousa Jeanne-Marie Jughon, fille de Pierre et de Jacquette
de la Chau et petite-fille de honorable homme Mᵉ Cirgues
Jughon et de Marie-Anne de Jax, fille de noble Jean de Jax
Sʳ d'Estable près Allègre en 1575. (Ces deux familles
sont éteintes). Jehan Grellet mourut le 8 mai 1684 âgé de
quatre-vingt-trois ans et fut inhumé dans sa chapelle de
Saint-Roch, en l'église d'Allègre. Il laissa :

A. Jean GRELLET Sʳ DE CHATEAUNEUF, greffier du Marquisat d'Allègre, né le 8 avril 1643, eut pour parrain
Jehan Mosnier greffier de Chassaignes oncle par alliance,
et pour marraine Claire des Filhes épouse de Claude
Grellet lieutenant général du Marquisat d'Allègre, tante
à la mode de Bretagne par alliance. Il mourut le 21 janvier 1688 *et fut inhumé le lendemain dans sa chapelle de
Saint-Roch, en l'église d'Allègre, au tombeau de ses ayeux,*
laissant trois fils et cinq filles de son mariage, contracté
en 1663 avec Marie GRANGIER (1) fille de Pierre et de
Gabrielle de Bussac, (celle-ci fille de Jean de Bussac
receveur général du Marquisat d'Allègre et de Anna
Boutaud de la Clède); de cette alliance :

(1) GRANGIER porte :
« de gueules à une grange
« d'argent ajourée et ma-
« çonnée de sable, au chef
« cousu d'azur chargé
« de trois étoiles d'ar-
« gent. »

a. Jean, né en 1664, mort jeune ;
b. Mathieu, né le 6 juin 1667, religieux franciscain, sous
le nom de père Jean-Marie, dans le couvent de
Cusset, où il mourut en 1723 ;
c. Pierre, né le 29 mars 1674, mort le 21 décembre 1732,
docteur en théologie, prêtre et prieur-curé de Grand-
val, au diocèse de Clermont, de 1715 à 1732.
d. Pierre, né en 1683, mort jeune ;
e. Jeanne-Marie, morte sans alliance ;
f. Anne, morte en bas âge ;
g. Catherine, morte sans alliance ;
h. Jeanne, née le 26 avril 1675, mariée à Philippe DE
BONNEVAL écuyer, fils de Benoît, écuyer et de Anne
Boutaud ;
i. Marie, morte en bas âge ;
j. Marie, née le 16 décembre 1678, épousa André
BOUTAUD DE LA CLÈDE, (2) (leur fille Catherine épousa
le 25 juin 1723 Jacques Grellet Sʳ de Chaduzias.)
l. Louise, morte jeune ;
m. Anne, morte jeune ;
n. Julien Grellet, né le 20 mars 1669, chirurgien, consul
de la ville d'Allègre, épousa : 1° en 1697 Marguerite
TISSANDIER, fille de Jean et de Geneviève de Benau ;
2° en 1710 Jeanne GRELLET, sa cousine (3). Il laissa,
du premier lit, un fils : Benoît ; et du second, un
autre fils : Barthélemy Grellet, docteur en théologie,

(2) BOUTAUD DE LA
CLÈDE porte:
(comme ci-dessus.)

(3) GRELLET porte :
(comme ci-dessus.)

prêtre, vicaire, puis curé-prieur d'Allègre en 1771, sur la résignation de ladite cure faite à son profit (et approuvée, en cour de Rome) par Messire Julien Grellet chanoine archiprêtre du chapitre de Saint-Georges de Saint-Paulien et curé-prieur d'Allègre (son oncle maternel). Le prieur Barthélemy Grellet mourut le 20 décembre 1777.

B. Claude, né le 10 juillet 1640, mort en 1648 ;

C. Barthélemy GRELLET, prêtre, docteur en théologie, prieur et curé de Malvières, près de la Chaise-Dieu, puis d'Echandelys, au diocèse de Clermont, né le 25 août 1649, mort en odeur de sainteté, dans son prieuré, le 12 septembre 1726, laissant la réputation d'un prêtre aussi distingué par le savoir que par la piété ;

D. Mathieu, né le 7 septembre 1651, mort en 1661 ;

E. Jean-Marc GRELLET, né à Chassaignes le 27 avril 1637, eut pour parrain M. Jean Grellet, son oncle paternel et pour marraine « noble et puissante dame Eléonor de la Rochefoucauld, veuve de feu messire Marc de Polignac ». *(L'original de cet acte baptistaire existe au château de Chassaignes dans les archives de M. le baron Charles de Croze, qui a bien voulu nous le communiquer) ;*

F. Pierre GRELLET, né à Chassaignes le 28 décembre 1632;

G. Jeanne GRELLET, née à Chassaignes le 10 décembre 1634 ;

H. Anne GRELLET, née à Allègre le 26 mai 1637, morte à Chassaignes le 17 janvier 1680, avait épousé Mathieu DE LANGLADE (1);

I. Pons GRELLET, né le 16 juin 1646, à Allègre, eut pour parrain « vénérable et religieuse personne Dom Claude Grellet, religieux bénédictin dans l'abbaye de la Chaise-Dieu », son cousin et pour marraine Vidalle Garnier, épouse de Pierre Grellet des Crozes, sa tante. Il fut premier consul d'Allègre en 1674. Il avait épousé Marie-D'ELDÈVES (2), fille de Pierre d'Eldèves et de Anne du Crozet *(celle-ci fille de Louis du Crozet écuyer seigneur de Rognac et de Madeleine de Pons de Rochely, sœur de Claude du Crozet écuyer seigneur de Rognac et de Louis seigneur de Ronquerolles, qui fit la branche d'Allègre éteinte dans les de Rochemure).* La famille d'Eldèves, aujourd'hui éteinte, était très ancienne : dame Alix d'Eldèves fit donation, en l'an 1300, d'un pré à Guillaume de Châlus seigneur de Cordès, *(Inventaire du chartrier du Château de Flaghac;)* Jeanne d'Eldèves, dame de Saint-Vincent, veuve d'Astorg de Lorlanges, chevalier, fit un traité avec Bertrand son fils en l'an 1400, *(Bouillet nob. d'Auvergne, T. III, p. 430)*; Jean d'Eldèves était, en 1517, homme d'armes de la compagnie du baron d'Alègre ; Georges, son fils, marié à Jeanne de Mozac, vivait en 1588 et Claude, fils de Jean, vivait en 1599. Il laissa : Pierre

(1) LANGLADE porte :
« d'argent à trois tofs
« de gueules deux et un. »

(2) ELDÈVES porte :
....

marié : 1º à Catherine de Bussac ; 2º à Jacquette de
Malfan, autre Pierre d'Eldèves vicaire d'Allègre en 1634,
curé de Saint-Just et syndic de Ceaux en 1641, Dauphine-
Françoise mariée, avant 1616, à Blaise Boutaud de la
Clède et Jehan, qui épousa Jeanne du Laurier (ou
d'Aurier), d'où : Jean, Jehanne, Clauda, Marie et Pierre
d'Eldèves mari d'Anne du Crozet qui précède. *(Voy. Testa-
ment de Claude-Yves marquis d'Alègre, par A. Lascombe,
conservateur de la bibliothèque du Puy, 1885);*
De cette alliance naquirent entre autres enfants :

a. Antoine GRELLET bailli de la ville de Saint-Germain-
Lembron en 1711 et le 7 septembre 1720, (appelé aussi
Barthélemy - Antoine , portait plus spécialement le
nom d'Antoine), fit inscrire ses armoiries dans l'armorial Général manuscrit de d'Hozier dressé de 1699 à
1711. Il épousa, à Chargniat, paroisse de Saint-Remy
près Issoire, le 5 mars 1700, Catherine CHASSAING (1), fille
de Fiacre Chassaing bourgeois de Chargniat et de
Marie de Pelacot de la Rousse, *(celle-ci fille de Isaac
de Pelacot de la Rousse écuyer seigneur de la Rousse,
de la Prias et de Marie de Miremont, sa première
femme, qu'il avait épousée le 4 mars 1658 remarié le
20 mars 1675 à Marguerite de Montservier d'où sont
descendus les de Pelacot de la Rousse existants, alliés
à la meilleure noblesse d'Auvergne et qui ont fourni
sept chanoines comtes de Brioude.)*
De cette alliance vinrent :

1º Maurice Grellet, demeurant à Chargniat, qui hérita de
Messire Maurice Chassaing prêtre et curé de
Miremont, son oncle maternel. (Cette famille Chassaing d'antique bourgeoisie s'est alliée à plusieurs
maisons de l'ancienne noblesse d'Auvergne, elle
existait il y a peu d'années à Nonette.) Maurice Grellet
épousa Marie ROLLET, (2) d'une ancienne maison de
robe de la ville de Riom. Elle était veuve en 1752.
2º Anne Grellet ;

b. Marguerite Grellet, née à Allègre, fut inhumée le
14 mars 1684 dans l'église de Saint-Martin-d'Allègre
en la chapelle de Saint-Roch.

7º N..... GRELLET mariée à Guillaume DE MALFAN, (3) jadis receveur général du Marquisat d'Allègre, demeurant à la
Chapelle-Bertin, vivait le 11 novembre 1619. Cette maison
est connue depuis Vital de Malfan Sr dudit lieu, qui avait
souscrit, en l'année 1400, une obligation de quatorze cents
livres au profit de Pierre seigneur de Flaghac. *(Inventaire du
Chartrier du Château de Flaghac.)*

(1) CHASSAING porte :
« *de gueules à trois lé-*
« *vriers d'argent courant*
« *l'un sur l'autre.* »

(2) ROLLET porte :
« *d'azur au roulelet*
« *d'or;* » aliàs. « *d'azur*
« *au chevron d'or ac-*
« *compagnés de trois*
« *pensées de même.* »

(3) MALFAN porte :
....

IX. Jehan GRELLET Sʳ DE CHABANNES, IIᵉ du nom, né à Chabannes le jeudi 5 août 1609, notaire royal, épousa : 1° Huguette DE LESCURE (1), sœur de Guillaume de Lescure écuyer seigneur du Cros, qui vivait en 1646. A cette famille appartenait : Jehan de Lescure fils à feu Jacques, qui vendit, le 11 février 1540, une terre à Sannac, paroisse d'Allègre, pour assurer une fondation faite par Jehan du Couderc, un de ses auteurs, dans l'église de Notre-Dame de Monlet. Jean Grellet n'eut pas d'enfant de ce mariage et se remaria le 27 août 1652 à Marie ROCHETTE (2), fille de Jean Rochette notaire royal de Chomelix et de Clauda Boyer, (celle-ci nièce de Messire Jacques Boyer prieur de Vorey, de Clauda Boyer épouse avant 1604 de Barthélemy de Fretat ; et fille de Simon Boyer et de Catherine de la Veyze, sa première femme). Marie Rochette avait pour aïeul : Honorable homme Jehan Rochette bourgeois de Chomelix, mort en 1611, marié avant 1580 à Anna Faure, fille de Honorable homme Mᵉ Antoine Faure et de Suzanne de Vertamy. Cette dernière était sœur de Antoine de Vertamy écuyer, marié à Clauda Grellet et fille de Armand de Vertamy écuyer capitaine châtelain d'Allègre en 1554.

La famille Rochette a produit des capitaines sous la Ligue ; l'un d'eux, après beaucoup de faits d'armes, fut tué avec le baron de Saint-Vidal gouverneur du Velay, dont il était le second dans son duel mémorable contre le Sénéchal de Chaste et le Cadet de Séneujols. Un Rochette, notaire royal de Chomelix en 1329, dressa le terrier des habitants de Vorey en faveur de l'Abbesse. Son frère : Bernard Rochette chanoine de Notre-Dame du Puy, fut chargé, par le Pape Jean XXII, d'offrir, au nom de ce Pontife, des dons à Notre-Dame du Puy, en l'année 1327 ; (Oddo de Gissey, chap. XXI, p. 498, édition de 1622.) Une branche de cette famille, transplantée à Rochefort sur Sioule et à Clermont-Ferrand, y existe encore sous le nom de Rochette de Lempdes et de Malauzat. Elle a été anoblie en 1650, par une charge de Secrétaire du Roi et quelques Généalogistes ont pensé qu'elle était venue de Savoie, parceque, dans les anciens actes en latin, relatant sa résidence, ces mots : « Diocesis Aniciensis », qui signifiaient : « diocèse du Puy », ont été traduits par : « diocèse d'Annecy ». Cette erreur s'est reproduite dans la généalogie de la maison de Fretat, qui eût aussi pour berceau Chomelix diocèse du Puy.

Jean Grellet et Marie Rochette laissèrent :

1° Claude GRELLET, né le 27 juin 1653, marié le 28 janvier 1689 avec Marie DE LA VIALLEVIEILLE [1], fille de Jean, S^r dudit lieu, (paroisse de Varennes Saint-Honorat), capitaine du château d'Allègre et de Jacquette Boutaud de la Clède, leur postérité est éteinte ;

2° Jean GRELLET, né à Chabannes le 20 février 1655, marié le 26 février 1688 à Marie MONATTE [2], fille de François lieutenant général du Marquisat d'Allègre et de Antoinette de la Vaissière-Cantoinet, (celle-ci fille de Daniel de la Vaissière-Cantoinet écuyer seigneur du Mas, de la Borie et de Marguerite de la Rocque de Monlet, (*tante de Mathieu de la Rocque chanoine-comte de Brioude en 1654, fille de François de la Rocque seigneur de Monlet, etc., et de Galande de Chazelles et sœur de Mesdames : de Drossanges, de Choumouroux de Borne, de Beraud de Courbières, du Favet de Sassac et de la Chassaigne de Sereys.*) Daniel de la Vaissière avait pour père Jean de la Vaissière écuyer seigneur du Mas [3] marié le 28 avril 1591 à Catherine de Montagnac et pour aïeul Etienne de la Vaissière-Cantoinet écuyer seigneur du Mas marié le 3 août 1565 à Marie d'Apchier.

3° François GRELLET, né le 28 octobre 1656 ;

4° Marie GRELLET, mariée le 8 octobre 1698 à François DE BONNEVAL [4] écuyer du marquis d'Alègre, fils de Benoît de Bonneval écuyer et de Anne Boutaud de la Clède ;

5° Barthélemy qui a formé le degré suivant ;

X. Barthémy GRELLET seigneur DE LA MARCONNERYE et de la baronnie DE LA DEYTE-MORANGES, (*située dans les paroisses de Saint-Germain-l'Herm, Fayet, Ronnaye, Saint-Vert, Doranges et Saint-Bonnet-le-Bourg.*) D'abord lieutenant de la ville de Saint-Germain-l'Herm et bailli des terres de Guérines et de Chateauneuf du Drac, il acheta, le 22 décembre 1724, le château, terre et baronnie de la Deyte-Moranges, au marquis d'Apchon de Chaméane. Ce fief, qui comportait les droits de haute justice et de lever la taille aux quatre cas, à usage de chevalier, s'étendait sur six paroisses. Il épousa : 1° le 27 décembre 1689, à Saint-Germain-l'Herm, Catherine ROCHE dame DE LA MARCONNERYE ; 2° le 19 juillet 1695, Catherine DE MONTSERVIER D'ORSONNETTE, fille de Alexandre de Montservier Chevalier Seigneur d'Orsonnette, Auzat sur Allier, etc. et de Jacqueline de

[1] LA VIALLEVIEILLE porte :
« *d'or à trois boucs passants de sable deux et un, au chef de gueules chargé de trois fleurs de lys d'or rangées en fasce.* »

[2] MONATTE porte :
« *d'argent à un cœur enflammé de gueules au chef d'azur chargé de trois étoiles d'argent rangées en face.* »

[3] LA VAISSIÈRE-CANTOINET porte :
« *d'azur au coudrier d'or à la bande de gueules brochante.* »

[4] BONNEVAL porte :
....

Mozac de Beaurecœuil, (celle-ci fille de Durand Mozac écuyer seigneur de Beaurecœuil, de Mondasse de Fix, du Chier, de Vernassaulx, etc. et de Isabeau d'Aurelle.) La maison de Montservier, aujourd'hui éteinte, appartient à la plus ancienne chevalerie d'Auvergne, elle possédait une des vicairies de l'église de Saint-Julien de Brioude et a donné, depuis 1330 jusqu'à 1593, dix chanoine-comtes de ce noble chapitre dans lequel on n'était admis qu'après avoir prouvé seize quartiers de noblesse. [1]

(1) MONTSERVIER porte : « d'azur au chevron d'or « accompagné de trois « trèfles de même. »

Catherine de Montservier avait deux sœurs (mariées dans les maisons de Pelacot de la Rousse, d'où postérité, et de Verdonnet, d'où Mesdames de Bonnafos et des Roys d'Echandelys) et trois frères, qui ne laissèrent que des filles ; l'une d'elles : Madeleine de Montservier, épousa, le 11 juin 1751, Jean Gaspard de Reynaud de Grippel seigneur de Mons, Issandolanges, Terreneyre, baron de Saint-Pal-en-Chalencon, mousquetaire noir, dont le fils : François comte de Reynaud de Mons, capitaine de chevau-légers, fut marié le 5 mars 1782 à Jeanne-Marie de Mascon de Ludesse.

Barthélemy Grellet de la Deyte et Catherine de Montservier moururent octogénaires et furent inhumés dans l'église de Saint-Germain-l'Herm, sous l'autel de Notre-Dame de Pitié, en la chapelle des Seigneurs de la Deyte, qu'ils avaient enrichie de fondations perpétuelles, le 20 décembre 1726 et dans laquelle se voit leur épitaphe, sur une plaque de marbre noir. Après l'acquisition de la terre de la Deyte Barthélemy ajouta aux armoiries anciennes de sa famille une partition : « *de gueules à trois grelots d'or deux et un, au chef d'argent chargé d'un croissant accosté de deux étoiles d'azur.* »

Les enfants du premier lit furent :

(2) BONNIOL porte : « d'azur au chevron d'or « accompagné en chef de « trois étoiles d'argent « et en pointe d'un arbre « cousu de sinople. »

1° Jean-Baptiste, mort jeune ;

2° Benoit GRELLET seigneur DU PIN et DE LA MARCONNERYE, bailli de la Deyte, de Saint-Genest, etc., marié le 9 juin 1713 à Anne DE BONNIOL DE BINEZAC [2], dame du Pin (veuve de Raymond Choussy seigneur du Pin), fille de Jacques Prudent de Bonniol écuyer seigneur de Binezac, du Pin, co-seigneur de Marchaud, et d'Angélique de Malsang. Elle était petite-fille d'Etienne de Bonniol écuyer seigneur de Binezac, et de Anne du Chéry, qui était veuve en 1671. Ils n'ont pas laissé de postérité. Cette famille est représentée aujourd'hui par le Comte de Bonniol du Trémont, officier de cavalerie.

Les enfants du second lit furent :

3° François qui suit ;

4° Isabeau GRELLET mariée le 26 mai 1714 à Antoine FAUCHIER
seigneur DU FRAISSE (1), fils de feu Jean Fauchier conseiller du Roi en l'élection d'Issoire et de défunte demoiselle
Gabrielle de Labit. *(Antoine Fauchier du Fraisse
était le frère de Catherine-Marie-Françoise, mariée
à Jean-Joseph Choussy du Pin, écuyer seigneur et
baron de Clavelier, Sarra, Fiougoux, la Chapelle-
Geneste, etc.) Antoine et Isabeau Grellet laissèrent
sept enfants, entre autres : Jean-Baptiste Fauchier
du Fraisse, marié à Antoinette de Cheminades de
Sise, mort en 1759.*

(1) FAUCHIER porte :
....

XI. François GRELLET, seigneur et baron DE LA DEYTE-MORAN-
GES, etc., après son père et DU MAS DU CHOMEIL (fief acquis le
14 juillet 1766), fut d'abord lieutenant de la ville et bailli du
Moustier-Haut de Saint-Germain-l'Herm, puis conseiller du Roi,
président de l'élection d'Issoire. Cette dernière charge conférait les
avantages de la noblesse. Le 8 octobre 1756 François Grellet
seigneur de la Deyte obtint une sentence des officiers de l'élection
d'Issoire le confirmant dans ses privilèges et « interdisant aux
« consuls de Saint-Germain-l'Herm et à leurs successeurs de le
« comprendre à l'avenir dans les rôles. » Le 16 juin 1752 François
Grellet seigneur de la Deyte « étant désarmé, tête nue, sans gants,
« sans manteau, sans éperons, les genoux en terre et les mains
« jointes sur les Saints Evangiles... » prêta le serment de fidélité,
foy et hommage qu'il était tenu de faire au Roi pour sa terre et
seigneurie de la Deyte et dépendances, en toute justice : haute,
moyenne et basse...

Il avait épousé, le 3 mai 1722, Françoise BLANCHARD (2), fille de
Simon Blanchard et de Marie Drulhon. *(Jean Drulhon seigneur de
Varennes et de Saint-Genès-Champanelle, bourgeois et consul de
Clermont, vivait en 1493 ; Dine Drulhon, sa fille, épousa Michel
d'Albiat seigneur de la Combaude, consul de Montferrand en 1510,
fils de Pierre et d'Antoinette de Coustave.)*

François Grellet de la Deyte mourut subitement, à Saint Anthème,
« dans le cours de sa chevauchée », le 6 août 1767, laissant :

(2) BLANCHARD porte :
« d'azur à un P et un B
« d'or accompagnés d'un
« croissant de même en
« pointe. »

1° Barthélemy, qui suit ;

2° Benoît GRELLET seigneur DE LA COLLANGE, docteur en Sor-
bonne, prêtre et chanoine de la Cathédrale de Versailles,
abbé de Saint-Quentin (Somme), chapelain des Rois Louis XV
et Louis XVI, maître des cérémonies de la chapelle du
château de Versailles, maître des requêtes du Conseil de
Monsieur, député du Clergé aux assemblées provinciales
d'Auvergne en 1787, pour l'élection d'Issoire.

La révolution le priva de tous ses bénéfices, d'un revenu
de quinze mille livres. Il refusa de prêter le serment à la
Constitution civile du Clergé et dut, pour sauver sa tête,
émigrer en Angleterre. A son retour il prit part au rétablis-
sement du culte catholique à Versailles, en disant la première
messe dans l'église Saint-Louis, lorsqu'elle fut rouverte. Au
Concordat un Evêché lui fut offert, qu'il crut devoir refuser
par fidélité aux Bourbons. Il mourut à Versailles le 28 juillet 1815, à l'âge de quatre-vingt-dix ans. Orateur de talent,
l'abbé Grellet était renommé à la Cour pour le charme de sa
conversation, de ses manières et la distinction de son esprit.
(*Sa biographie se trouve dans le dictionnaire biographique du Puy-de-
Dôme, par A. Tardieu, p. 60*).

3° Jean-Baptiste, qui continua la descendance et sera rapporté
après son frère Barthélemy ;

4° Catherine GRELLET DE LA DEYTE, mariée à Saint-Germain-
l'Herm, le 10 février 1750, à Claude JURIE, Sr de Vergongheon, bailli de la Prévoté Royale d'Auzon, de Rilhac,
de Sainte-Florine, de la Roche-Vernassal, fils de Antoine
Jurie (1), bailli de la ville et prévoté royale d'Auzon, de
Vergongheon, d'Auzat, et de Marie Romeuf, (*celle-ci fille
de Barthélemy Romeuf, bourgeois de la Voûte,
paroisse de Saint-Cirgues et de Marie-Antoinette
Marin et sœur de Claude Romeuf, notaire royal
de la Voûte, marié à Marguerite Croze de Mont-
brizet, qui a été le grand'père de deux généraux
créés barons de l'Empire.*)

Ils eurent huit enfants :

    a. Antoine JURIE, bailli de Rilhac en 1781 ;
    b. Barthélemy ;
    c. Claude Barthélemy, commissaire des Guerres, né le
9 octobre 1759 ;
    d. Catherine JURIE, mariée à Auzon, le 12 février 1770, à son
cousin Claude GRELLET Sr du Bessioux et co-seigneur de

(1) JURIE porte :
« *d'argent au chevron de
gueules, accompagné de
deux étoiles de sable en
chef et d'un croissant de
même en pointe.* »

Varennes, fils de Jacques, premier consul d'Allègre en
1734-1740, et de Catherine Boutaud de la Clède. De cette
alliance est né un fils qui a réuni toutes les branches
principales de sa maison, en épousant Marie Grellet de
Moranges, rapportée ci-après.

e. Catherine JURIE, mariée le 28 avril 1789, à Issoire, à
Gabriel FABRE, avocat en Parlement; d'où : 1° Barthélemy
Fabre, marié à Irène de Montredon, 2° Auguste Fabre,
marié à Fanny de Redon, d'où : Gustave, lieutenant de
cuirassiers, tué à la bataille de Reischoffen, marié à
Mlle de Fougières; 3° Adèle Fabre, mariée à M⁺ Fabre son
cousin; 4° Anne-Laure Fabre, mariée, en 1814, à Claude
de Veyrines.

f. Catherine-Pouponne JURIE, morte sans alliance;

g. Marie, morte sans alliance;

h. Françoise JURIE, mariée le 26 août 1783 à Jean-Henri
DONIOL, d'où : Claude-Fortuné Doniol, président du comice
agricole de Brioude, vice-président de la société d'agriculture du Puy-de-Dôme, marié en 1817 à Rosalie-Constance
de Murat; (d'une illustre famille Riomoise, originaire de
Menet, Haute-Auvergne), d'où : Henri Doniol, préfet de
Marseille, membre de l'Institut, Commandeur de la Légion
d'honneur, etc., marié le 22 juin 1846 à Louise Maizière,
fille du général Maizière, grand-officier de la Légion
d'honneur et de Blanche-Clémentine Vial, (celle-ci fille
du lieutenant-général baron Vial, grand-officier de la
Légion d'honneur, qui commanda la division de cuirassiers
à la bataille de Waterloo.)

5° Catherine-Françoise GRELLET DE LA DEYTE, née à Saint-
Germain-l'Herm le 2 août 1739, eut pour parrain son aïeul
Barthélemy, et pour marraine Catherine de Montservier,
son aïeule. Elle fut mariée, le 12 décembre 1763, à Saint-
Germain-l'Herm, avec Gaspard CHOUSSY, fils de feu Antoine,
demeurant à Billom et de Marie Dumas de la Salle. La
famille Choussy, ancienne et bien alliée, a possédé la
baronnie de Clavelier, les fiefs du Pin, de Sarra, de
Fiougoux, de la Chapelle-Geneste, de Chazeaux, etc, Ses
armes furent inscrites dans l'armorial général de d'Hozier
en 1699 (¹).

(¹) CHOUSSY porte :
« d'or à deux bandes de
« sinople. »

XII. Barthélemy GRELLET DE LA DEYTE, écuyer seigneur et baron
DE LA DEYTE, DE FAYET, DE RONNAYE, DE CHATEAUNEUF-DU-DRAC, DU
MAS-DE-CHOMEIL, co-seigneur DE SAINT-GERMAIN-L'HERM, DORANGES,
SAINT-VERT ET SAINT-BONNET-LE-BOURG, acquit en 1778 la baronnie
de Châteauneuf-du-Drac, qui s'étendait, elle aussi, sur plusieurs

paroisses. Sa fortune territoriale était évaluée, avant 1789, à trente mille livres de revenu, somme très considérable pour le temps. Né à Saint-Germain-l'Herm, le 11 novembre 1723, il y mourut le 28 février 1810, âgé de quatre-vingt-sept ans. Il avait succédé à son père, en 1767, dans la charge de conseiller du Roi, président de l'Election d'Issoire, qu'il exerça jusqu'à sa suppression. Après une absence forcée, pendant la terreur, il revint à Saint-Germain-l'Herm à la mort de Robespierre et fut maire de cette commune, membre du conseil d'arrondissement de 1800 à 1810. C'était un homme fastueux, qui exerçait la plus large hospitalité. Le mobilier, aujourd'hui dispersé, de son hôtel d'Issoire et celui de sa demeure de Saint-Germain-l'Herm étaient magnifiques; sa bibliothèque, son argenterie, le luxe de sa table étaient remarquables. Ses postillons, ses laquais poudrés et le carrosse rouge rechampi d'or, qui le conduisait chaque année à Ligonne, aux réceptions de Mr de Chazerat, intendant d'Auvergne, sont restés légendaires dans nos montagnes, alors très dépourvues de routes. Il n'eût pas d'enfant du mariage qu'il avait contracté à Riom, le 25 février 1754, avec Marguerite-Philippine DES PLATS DE MONTACLIER [1], fille de Gabriel, seigneur de Bardon et de la Petite-Provence, échevin de Riom et de Marie de Sirmond, (*celle-ci, sœur de Françoise-Antoinette, mariée le 4 juin 1718 à Amable de Beaufranchet d'Ayat ayeule maternelle du général Desaix (des Aix de Veygoux,) tué à Marengo en assurant la victoire; et petite nièce de Jean de Sirmond, historiographe du Roi et membre de l'académie française en 1635, de Jacques de Sirmond, jésuite éminent, confesseur du Roi Louis XIII.*) [2]

Gabriel des Plats était le petit-fils de noble Etienne des Plats, seigneur de Montaclier, marié le 9 janvier 1636 à Marie de Murat, dame de Montaclier, Gimeaux, etc. fille d'Amable de Murat écuyer seigneur de Montaclier, etc. et petite-fille de Jean de Murat seigneur de Bardon, député de la Basse-Auvergne aux Etats-Généraux d'Orléans et de Blois en 1560 et 1576, dont le tombeau et le buste en marbre furent placés dans le chœur de l'église de Saint-Amable à Riom. [3]

[1] DES PLATS porte : « d'azur à trois annelets « d'or. »

[2] SIRMOND porte : « d'azur à une molette « d'or, au chef d'her-. « mine. »

[3] Ce tombeau a été dévasté en 1793; mais l'épitaphe en marbre, retrouvée par M. le Comte de Chabrol-Tournoëlle, descendant des de Murat et des de Sirmond, a été par ses soins pieux, réintégrée dans l'église de Saint-Amable de Riom et encastrée dans la Chapelle de Notre-Dame de la bonne mort.

XII. Jean-Baptiste GRELLET seigneur DE MORANGES (près Saint-Germain-l'Herm) et DE BEAULIEU (près Sarliève), troisième fils de François seigneur de la Deyte et de Françoise Blanchard (*), continua la descendance. Né à Saint-Germain-l'Herm, le 13 mars 1749, il y mourut le 25 janvier 1823, à l'âge de soixante-quatorze ans. Il fut, avant 1789, conseiller du Roi, maître des eaux et forêts en la maîtrise d'Ambert et de 1815 à 1823 maire de la ville de Saint-Germain-l'Herm. Il fut marié, à Saint-Babel, le 12 juillet 1774 à Antoinette FORISSIER DES BLANCS DE LONGEVILLE (1), fille de Annet-Marie Forissier seigneur des Blancs et de Longeville, l'un des cent gendarmes de la garde du Roi et de Marguerite DE LA CHAISE DES GARETS (2). Mme Grellet de Moranges avait pour frères et sœurs : 1° Jacques Forissier des Blancs écuyer seigneur de Longeville chevalier d'honneur au bureau des finances à Riom ; 2° Pierre Forissier des Blancs écuyer l'un des cent gendarmes de la maison du Roi, qui épousa Mlle de Fougerolles ; 3° Mme Prévôt de Bort ; 4° Mme de Taillandier de la Courtade. Ses nièces étaient MMmes de Val de Saunade, de Laire, et Monteil de la Coste.

Les FORISSIER DES BLANCS, originaires de Saint-Galmier, en Forez, sont connus à Ris, en Bourbonnais, depuis 1560 ; ils sont alliés aux *de Saint-Maurice, de La Ville, Thimbaud, Sicaud de la Ramas, Etienne de Blancherière, du Verger, Reynier de Barghons, Le Gagnieur du Gay, de Chervier de Forion, de Pons*, etc.

XIII. Les enfants issus de cette alliance furent :

1° Marie, qui a formé le degré suivant ;

2° Marie-Joséphine GRELLET DE MORANGES, née à Ambert le 8 juillet 1783, mariée à Sébastien DE LAPCHIER DU CHASSEINT, fils de Pierre de Lapchier seigneur de Sauvagnat et de Elisabeth Gravier du Monceau, (*de la même maison que Charles Gravier comte de Vergennes ministre du Roi Louis XVI*), petit-fils de Georges-Antoine de Lapchier seigneur du Chasseint et de Elisabeth Henrys de Lollière et arrière-petit-fils de Pierre et de Suzanne de Miremont. Ce dernier était fils de Jacques châtelain de Courpière en 1699,

(1) FORISSIER DES BLANCS porte :
« *d'argent à trois épicéas*
« *de sinople rangés sur*
« *une terrasse de même ;*
« *écartelé : d'azur au lion*
« *d'or accompagné de*
« *quatre étoiles de même.*»

(2) LA CHAISE porte :
« *d'azur à trois tréfles*
« *d'or deux et un.* »

(*) A l'exemple d'un certain nombre de familles de robe et même des plus illustres, les Grellet ont gardé leur nom patronymique de préférence aux noms de terres. L'aîné seul portait le nom de la baronnie de la Deyte, qui était son apanage avant 1790.

qui avait épousé Isabelle de Matharel et qui fit inscrire ses armes dans l'armorial général de d'Hozier (¹).

3° Jacques-Augustin-François GRELLET DE MORANGES, né le 7 novembre 1777, eut pour parrain son oncle : Jacques Forissier des Blancs chevalier seigneur de Longeville et pour marraine son aïeule paternelle : Françoise Blanchard veuve de François Grellet seigneur de la Deyte. Il mourut en bas âge ;

4° Pierre GRELLET DE MORANGES, né le 5 septembre, mort en bas âge ;

XIV. Marie GRELLET DE MORANGES (*descendante à la treizième génération de Robert Grellet vivant de 1350 à 1415*), née à Ambert le jeudi 12 octobre 1775, baptisée le 23 avril 1776, eut pour parrain Barthélemy Grellet seigneur de la baronnie de la Deyte, président de l'Election d'Issoire, son oncle paternel et pour marraine Marie Forissier des Blancs épouse de Babel-Pierre de Taillandier écuyer seigneur de la Courtade, sa tante maternelle. Elle épousa, à Clermont-Ferrand, le 30 fructidor an VIII (25 septembre 1800) son cousin et neveu à la mode de Bretagne : Claude-Barthélemy GRELLET (*descendant au quatorzième degré de Robert qui testa à Allègre en 1415*) et chef de la branche aînée de sa maison, fils de Claude Sᵣ DU BESSIOUX, DE CHANUZIAS et en partie DE VARENNES et de Catherine Boutaud de la Clède. Ce mariage fᵗ favorisé par Barthélemy GRELLET DE LA DEYTE, ancien Président de l'Election d'Issoire, oncle de la mariée et grand-oncle du marié auquel, à défaut de sa charge héréditaire qui venait d'être abolie, il désirait transmettre les débris de sa fortune fort amoindrie par les malheurs des temps.

Claude Barthélemy est qualifié, dans son acte de mariage, officier démissionnaire. Il était né le 30 avril 1772 à Allègre, où il décéda le 31 décembre 1862 âgé de quatre-vingt-dix ans. Nommé maire de la ville d'Allègre en 1815 il exerça ces fonctions jusqu'en 1830. Il reçut, à la même époque, le grade de commandant des gardes nationales du canton d'Allègre et le 4 juillet 1816 le brevet et la croix de l'ordre du Lys. Il fut, sous le régime censitaire, pendant le gouvernement de la Restauration, l'un des membres du Grand Collège électoral de la Haute-Loire. (*Voir pour sa biographie esquissée par M. Charles Rocher, les Tablettes historiques de la Haute-Loire, Tome VII, pp. 502 à 509.*)

De cette alliance, qui a réuni les deux principales branches des Grellet, naquirent trois fils :

1° Jean-Claude Barthélemy, né à Allègre le 17 messidor an neuf (*4 juillet 1801*), mort le 17 décembre 1873, maire de la ville d'Allègre, membre du Conseil général de la Haute-Loire pendant trente-cinq années consécutives, doyen de cette assemblée, fut marié le 5 mai 1833, à Françoise-Louise-Eléonore DE CHATEAUNEUF DE ROCHEBONNE (1), fille de Hyacinte marquis de Rochebonne, enseigne des vaisseaux du Roi, avant 1789 et de Henriette de Molette de Morangier (*des marquis de Morangier barons des Etats du Languedoc*), celle-ci fille de Joseph-Antoine DE MOLETTE DE MORANGIER (2), chevalier seigneur de Bayssac, de Rapine et de Montagnac et de Henriette DE JULIEN DE VINEZAC, nièce du chevalier de Rochefort d'Ally du Thiolant lieutenant général des armées du Roi et cousine-germaine de Pierre de Julien marquis de Vinezac dont la fille unique : Gabrielle-Marguerite-Sophie, héritière de sa maison, épousa le 21 novembre 1803, Louis François-Florimond-Charles comte de Vogüé, colonel de cavalerie, Pair de France en 1823.

Les DE CHATEAUNEUF DE ROCHEBONNE, ont possédé, de tous temps, la terre de Châteauneuf (*par. de Saint-Julien-en-Boutières*) et celle de Rochebonne (*par. de Saint-Jean-Roure*) entre Saint-Martin-de-Valamas et le Cheylard. Connus depuis 1088 ils ont produit : un grand-maître de l'ordre de Saint-Jean de Jérusalem : Guillaume de Châteauneuf élu en 1244 mort en 1259, dont les armes sont à la salle des Croisades et qui fut un des principaux lieutenants de Saint-Louis, — deux chevaliers croisés : Hugues et Jean morts de leurs blessures au siège de Damiette en 1249, — des chanoines comtes de Brioude depuis 1256, — plusieurs commandeurs de l'ordre de Saint Jean de Jérusalem, l'un d'eux grand-prieur de la langue d'Auvergne et lieutenant général du grand-maître en deçà de la mer en 1380, — des chevaliers bannerets, — des gentilshommes de la Chambre, — des capitaines de cinquante hommes d'armes, — un séné-chal-gouverneur du Velay chevalier de l'ordre du Roi, — des chanoines-comtes de Saint-Jean de Lyon et de Saint-Pierre de Mâcon, — un lieutenant-général des armées du Roi, gouverneur des provinces de Lyonnais Forez et Beaujolais, — un évêque de Carcassonne, aumônier du Roi, — un évêque-comte de Noyon, Pair de France, — un archevêque de Lyon. Cette illustre maison a formé trois branches aujourd'hui éteintes :

(1) CHATEAUNEUF - ROCHEBONNE porte :
« *de gueules à trois tours donjonnées, crénelées d'or, ajourées de sable, deux et une.* »

(2) MOLETTE DE MORANGIER porte :
« *d'azur au cor de chasse d'argent lié et enguiché de gueules, accompagné de trois molettes d'or, deux en chef et une en pointe.* »

1° Celle des barons et marquis de Rochebonne, vicomtes de Leyniec, comtes d'Oingt (*en Forez et en Beaujolais*), seigneurs de Cordes, de Saint-Julien-d'Ance (en Velay) qui, après de grandes alliances, a fini avec Louis marquis DE ROCHEBONNE tué en 1709 à la bataille de Malplaquet à la tête du régiment de Villeroy-cavalerie qu'il commandait ;

2° Celle des barons de Flaghac (*en Auvergne*), de Craux, des Arcis, etc. (*en Velay*) issue de Bernard DE CHATEAUNEUF DE ROCHEBONNE, seigneur de Fraissinet, de Craux, des Arcis, qui épousa en 1508 Jehanne DE FLAGHAC héritière de sa maison, à la condition d'en reprendre le nom et les armes, ce qu'il fit. Sa postérité s'éteignit par deux filles : Louise DE FLAGHAC, dame dudit lieu, de Salezuit, d'Aubusson, d'Aurouse, Chabreughes, Bosbomparent etc. mariée à Christophe II marquis D'ALLÈGRE ; et Marguerite DE FLAGHAC mariée, en premières noces, à Christophe marquis D'APCHIER, en secondes noces, le 24 février 1632, à Emmanuel DE CRUSSOL duc D'UZÈS prince de Soyons, Pair de France chevalier des ordres du Roi ; (*la généalogie de cette branche a été déterminée par M. Paul le Blanc, à la suite de savantes recherches.*)

3° Celle des seigneurs de la Bouranges, du Cortial, de Sarlanges, du Peyron, de la Grange (*en Velay*), alliée à la meilleure noblesse de cette province. Mme GRELLET DE LA DEYTE, née DE ROCHEBONNE, ayant survécu à ses trois frères et à sa sœur, a été la dernière de son nom. Elle est morte sans enfant, à Allègre, le 16 juin 1844 ;

2° Félix-Sébastien, qui a formé le degré suivant ;

3° Claude-Barthélemy-Camille, né le 18 septembre 1816, mort en 1878 le 22 juin, sans enfant de son mariage, contracté le 8 avril 1845, avec Marie-Antoinette ROBERT, fille de Pierre-Charles-Joseph-Jules ROBERT et de Marie-Gabrielle-Françoise ESPANHON — et sœur de Clara Robert mariée à Oscar baron DE VEYRAC.

XV. Félix-Sébastien GRELLET DE LA DEYTE, né à Allègre le 22 mai 1813, mort à Riom (Puy-de-Dôme) le 17 janvier 1879, docteur en droit, avocat près la Cour de Riom et bâtonnier de l'Ordre, (*assista en cette qualité aux obsèques de Berryer*), conseiller municipal et administrateur des Hospices de la ville de Riom, membre de l'Académie de Clermont-Ferrand et de plusieurs sociétés savantes, secrétaire-général de la société d'agriculture du Puy-de-Dôme, etc. Député de la Haute-Loire à l'Assemblée Constituante de 1848, vice-président du Conseil général de la Haute-Loire, où il représenta le canton d'Allègre pendant six ans, après son frère aîné.

Il a épousé à Riom, le 21 juillet 1846, Marie-Antoinette-Joséphine PEYRONNET DE LA RIBIÈRE [1], fille de Laurent Peyronnet de la Ribière, receveur particulier des finances de l'arrondissement de Riom (*révoqué en 1830*) et de Caroline-Adèle de Lavillatte (*sœur du chevalier de Lavillatte, si connu par son héroïque piété filiale, chevalier de Saint-Louis, officier de la Légion d'honneur et de Saint-Ferdinand d'Espagne, capitaine commandant des Grenadiers de la Garde-Royale à l'attaque du fort du Trocadéro, où il pénétra le premier et chargé, après ce fait d'armes, de l'éducation militaire de S. A. R. Mgr le duc de Bordeaux qu'il suivit en exil*). Mme de la Ribière était fille de Pierre-Marie-Joseph DE BOUYONNET DE LAVILLATTE [2] chevalier seigneur de la Mothe, etc. capitaine dans Royal-Crawates cavalerie, chevalier de Saint-Louis, émigré (*condamné à mort sous la Terreur, sauvé par son fils*), et de Jeanne PÉLISSIER DE FÉLIGONDE, celle-ci fille de Etienne-Louis Pélissier de Féligonde, écuyer seigneur de Vassel et de Marie-Etiennette de Varènes de Champfleury, (*celle-ci sœur du chevalier de Varènes de Champfleury, colonel, maistre de camp de dragons, gouverneur militaire de Clermont en 1789, guillotiné à Paris le 8 mars 1794, qui laissa une fille mariée au marquis de Baroncelli-Javon et un fils marié à Mlle de Champflour d'où : Gabrielle de Varènes mariée à Joseph de Chabron de Solilhac ancien officier de cavalerie*).

Les PEYRONNET sont connus depuis Pierre de Peyronnet, bourgeois de Clermont en 1284 (*Savaron : Origines de Clermont-Ferrand*). Dès 1348 on les trouve à Saint-Etienne-des-Champs, près Voingt, où ils sont encore possessionnés. Antoine, bailli de Giat, vivait en 1550; Pierre son fils était Châtelain de Voingt en 1572. Il fut l'auteur : 1° de la branche aînée des seigneurs DE LA RIBIÈRE, de la Chaumette, de Trachèze, qui s'éteint avec Mlle DE LA RIBIÈRE, Mme GRELLET DE LA DEYTE sa sœur et la vicomtesse DE CRESSAC-BACHÉLERIE leur cousine; — 2° de deux branches cadettes établies, l'une au château de Moulin-Neuf, près Maringues, l'autre à Herment (Puy-de-Dôme) séparées depuis Annet vivant de 1696 à 1740; — 3° d'un rameau existant à Bordeaux et illustré par le comte DE PEYRONNET, Ministre Pair de France, etc. créé comte par le Roi Charles X.

De cette alliance sont issus :

[1] PEYRONNET DE LA RIBIÈRE porte : « d'azur au chevron « d'argent surmonté en « chef d'une molette de « même. ».

[2] BOUYONNET DE LA VILLATTE porte : « écartelé aux 1 et 4 : « d'argent à un chêne de « sinople planté sur une « terrasse de même, (qui « est de Bouyonnet) aux « 2 et 3 d'or à un lion « grimpant de gueules; » « (qui est de La Villatte.)

1° Jean Claude-Barthélemy-Emmanuel, qui suit ;

2° Barthélemy-Camille GRELLET, né à Allègre, le 4 juin 1855, élève de l'école militaire de Saint-Cyr, capitaine-commandant de cavalerie, Instructeur à l'école de cavalerie de Saumur, marié à Poitiers, le 10 janvier 1838, avec Marie-Henriette-Isabelle D'AUGIER DE MOUSSAC, fille de François-Léon-Louis d'Augier de Moussac (1) et de Agathe-Célinie DODUN DE KÉRO MAN *(fille de Charles Dodun marquis de Kéroman, colonel officier de la Légion d'honneur et de Lydie Panon des Bassins de Richemont ; et petite-fille du marquis Dodun de Kéroman (2) marié en 1801 à Agathe-Charlotte Le Prestre de Châteaugiron, qui était fille de René Joseph marquis de Châteaugiron et de Agathe de Carné-Trecesson et petite-fille de René-Jacques-Louis Le Prestre baron de Châteaugiron marquis d'Espinoy, dont les six sœurs étaient mariées dans les maisons de la Briffe, — de Charbonnier-Crangeac, — de Robien, — de Guérin la Grasserie, — de Boisgelin de Cucé, — et de Lastic).* Les AUGIER DE MOUSSAC sont connus en Poitou depuis 1406. Ils rendirent hommage à l'église de Poitiers, le 27 septembre 1476, du fief Augier et du Plessis-Augier. Fixés à Montmorillon ils y ont exercé les premières charges et possédé, depuis 1698, les seigneuries de Moussac, Crémiers, Clossac, Rouflamme, etc. Cette famille a produit plusieurs officiers de terre et de mer, quatre chevaliers de Saint-Louis, et s'est alliée aux maisons *de Candé, de Monti de Rezé, de Chabot, de la Bouillerie, de Beaurepaire, Desmousseaux de Givré, de la Panouse, de Maussabré,* etc.

Trois enfants son nés de ce mariage :

A. Yvonne ;
B. Marguerite ;
C. Simonne.

XVI. Jean-Claude-Barthélemy-Emmanuel GRELLET DE LA DEYTE, né le 18 mars 1850, ancien sous-préfet, conseiller général de la Haute-Loire depuis février 1880, maire de la ville d'Allègre depuis 1881, chevalier de l'ordre de Saint-Grégoire-le-Grand, membre de diverses sociétés savantes, candidat des conservateurs de la Haute-Loire

(1) AUGIER DE MOUSSAC rte : *d'or à trois croisettes de sable poinclées par le haut et posées en pal.* »

(2) DODUN DE KÉROMAN rte : *d'azur à la fasce d'or chargée d'un lion issant de gueules et accompagnée de trois grenades du second, ouvertes de gueules.* »

aux élections législatives de 1885 et aux élections cénatoriales de 1891.

Il a épousé à Nancy, le 25 mars 1878, Marie-Louise-Raymonde DE LANDRIAN DE FISSON DU MONTET (1), née baronne héréditaire du saint Empire et des Etats immédiats d'Autriche, (*titre donné à un de ses aïeux : Nicolas de Fournier baron de Neydeck ambassadeur de Lorraine à la Diète de Ratisbonne, le 13 mai 1654, et par une faveur spéciale, confirmée par rescrit de S. M. l'Empereur d'Autriche le 26 décembre 1837, transmissible à tous les descendants des deux sexes, nés et à naître, « in infinitesimo gradu »*). Elle est fille de Jean-Baptiste-René comte de Landrian, baron de Fisson du Montet, baron du saint Empire et des Etats immédiats d'Autriche et de Hedwige de Pavée de Villevieille (*), *(celle-ci sœur du marquis de Pavée de Villevieille (2), page du roi Charles X, officier de cavalerie; petite-nièce : du commandeur de Pavée de Villevieille, bailli de l'ordre de Malte, émigré, maréchal de camp à l'armée de Condé, mort en 1847 vice-amiral de France; du Cardinal Duc de la Fare, Duc et pair de France, ministre d'Etat, membre du conseil privé des rois Louis XVIII et Charles X, archevêque de Sens, premier aumônier de Mme la Dauphine, chevalier commandeur des ordres du Roi, — le même qui, étant évêque de Nancy, député du clergé, avait prononcé en 1789 le discours d'ouverture des Etats généraux et tenu la plume, à Vienne, comme ministre plénipotentiaire de Louis XVIII pendant l'émigration; — du marquis de Montcalm lieutenant-général des armées du Roi, grand-croix de Saint-Louis, tué devant Québec en défendant le Canada et du marquis de la Fare-Lugères, maréchal de France, gouverneur du Languedoc, chevalier des ordres du Roi et de la Toison d'Or, qui fut ambassadeur extraordinaire pour épouser, au nom du Dauphin fils de Louis XV, l'infante d'Espagne, puis la princesse Marie-Joséphe de Saxe.)*

(1) LANDRIAN DU MONTET porte : « d'or au château de sinople, maçonné de sable, flanqué de deux tours de même crénelées, surmonté en chef d'une aigle essorante de sable membrée, armée et diadémée de gueules tenant ses serres sur l'une et l'autre tour; » (qui est de Landriano) écartelé d'argent à une bande vivrée de gueules; (qui est de Fisson du Montet). »

(2) PAVÉE DE VILLEVIEILLE porte : « d'or à trois chevrons d'azur; » alias : « d'azur à trois chevrons d'or. »

(*) Les frères et sœurs de Mme GRELLET DE LA DEYTE sont : 1° Pierre comte DE LANDRIAN baron DE FISSON DU MONTET, baron du Saint Empire et des Etats immédiats d'Autriche, marié le 19 novembre 1876 à Aline DE LALLEMAND DE MONT, d'où : a. Jean-Francisque; b. François-Joseph; — 2° Camille-Amélie DE LANDRIAN DU MONTET mariée le 26 juin 1858 à Florentin-Ernest baron SEILLIÈRE, d'où : a. Nicole SEILLIÈRE mariée le 25 juillet 1882 à Hubert comte DE BOISGELIN; b. Hedwige SEILLIÈRE mariée le 4 août 1883 à Fernand marquis D'HAUTPOUL; — 3° Marie DE LANDRIAN DU MONTET chanoinesse et comtesse du noble chapitre Impérial de Brünn (en Moravie); — 4° Clotilde DE LANDRIAN DU MONTET mariée le 21 juin 1867 au baron SEILLIÈRE, son beau-frère, d'où : a. René baron SEILLIÈRE; b. Amélie SEILLIÈRE mariée le 25 mai 1887 au baron Pierre DE BOURGOING; c. Christine SEILLIÈRE mariée le 12 juillet 1892 à Armand comte de Cholet.

Les comtes DE LANDRIAN (*de la ville de Landriano, province de Pavie, en Milanais*), sont une des plus anciennes et des plus grandes races de la Lombardie, où ils sont titrés : comtes palatins de Latran en 1374, comtes de Landriano, de Vidigulfo, de Spino en 1464, comtes de Mandrino en 1450, de Montefalcino, de Alta-Ripa en 1558, marquis Landriani le 12 juin 1720, décorés des plus grandes charges, directement alliés aux *Visconti, Médicis, Borromée, La Tour et Taxis, della Rovère, Trivulce, Belgiojoso*, etc. *apparentés à divers papes et à plusieurs familles régnantes.* Passés en Lorraine, après la conquête du Milanais par les Espagnols, les Landrian s'y sont signalés parmi les derniers défenseurs de la forteresse de la Mothe contre les armées de Turenne et ont donné : un conseiller d'Etat du duché de Lorraine, des pages, des capitaines de Lansquenets, deux lieutenant-colonels du régiment Dauphin, un major du régiment de Bretagne, trois chevaliers de Saint-Louis, des chanoinesses du très noble chapitre de Brünn (en Autriche).

De cette alliance sont nés quatre enfants :

1° Marie-Barthélemy-*Pierre* GRELLET DE LA DEYTE, né à Riom le 9 décembre 1880, baptisé dans l'église de Saint-Amable le 18 avril 1881 ;

2° Claude-Marie-Edgard-Gaston-*Henri*, né à Allègre le 9 juillet 1882, baptisé le 25 septembre 1882 ;

3° Barthélemy-Marie-Ernest-*Gaston*, né à Allègre le 23 novembre 1833, baptisé le 28 juin 1884 ;

4° *Josèphe*-Hedwige-*Marie*-Raymonde.

PREUVE

DES

TRENTE-DEUX QUARTIERS DE NOBLESSE

DE LA COMTESSE

MARIE DE LANDRIAN DU MONTET

CHANOINESSE D'HONNEUR

DU CHAPITRE INSIGNE IMPÉRIAL ET ROYAL DE BRUNN

(Qui est l'un des quatre grands chapitres d'Autriche.)

I

Marie-Françoise, dite : comtesse MARIE DE LANDRIAN DU MONTET, *(présentée)*,
Admise sur preuves le 25 février 1873, avec l'agrément de S. M. l'empereur d'Autriche;

II

1° Jean-Baptiste RENÉ, comte DE LANDRIAN baron de FISSON DU MONTET, baron héréditaire du saint empire, baron immédiat des Etats Autrichiens, par rescrit du 26 décembre 1837; *(père de la présentée)*, a été substitué aux noms et armes du baron de Fisson du Montet, chambellan de S. M. l'empereur d'Autriche lieutenant-colonel du régiment de l'archiduc Charles chevalier de Marie-Thérèse, etc. son oncle,
Marié le 7 avril 1834, à :

2° Marie-Blanche-Henriette-Radegonde-Julie-Hedwige DE PAVÉE DE VILLEVIEILLE, née à Montpellier le 7 avril 1816, décédée à Nancy le 22 juin 1876, *(mère de la présentée)*, — sœur de Clotilde DE PAVÉE DE VILLEVIEILLE, chanoinesse-comtesse du chapitre de Brünn en 1826 et mariée à Casimir DU VERDIER comte DE GENOUILLAC;

III

1° Errard, comte DE LANDRIAN (marquis Landriani en 1838 par l'extinction de la branche aînée de sa maison en Italie, ainsi qu'il résulte d'un jugement du tribunal de Milan du 9 août 1839), chevalier de Saint-Louis, capitaine-major au régiment Dauphin-Infanterie, émigré, chef de bataillon, *(ayeul paternel)*,
Marié le 19 avril 1803, à :

2° Marie-Françoise-Alexandrine DE TRICORNOT DU TREMBLOY, dame d'Isôme en Franche-Comté, *(ayeule paternelle)*,

3° Louis DE PAVÉE marquis DE VILLEVIEILLE, capitaine dans Roussillon-Cavalerie, décédé le 18 août 1828, *(ayeul maternel)*,
Marié au château de la Boutetière (Vendée), le 15 juillet 1806, à :

4° Henriette PRÉVOST DE SAINT-MARS DE LA BOUTETIÈRE, *(ayeule maternelle)*;

IV

1° Etienne-Errard DE LANDRIAN, chevalier seigneur d'Outremécourt, Aingeville, Saint-Alarmont, Urville, Gendreville, admis sur preuves le 18 février 1756, au nombre des pages cadets gentilshommes du roi Stanislas duc de Lorraine, lieutenant-colonel du régiment Dauphin-Infanterie, chevalier de Saint-Louis, nommé député des Vosges à l'Assemblée législative en 1791, démissionnaire, émigré, mort le 21 novembre 1817, *(bisaïeul paternel)*, — frère de la baronne de *de Fisson du Montet*,
Marié le 21 février 1770, à :

2° Catherine RAULIN DE MAXÉVILLE, dame de Maixe, baronne du Saint-Empire, *(bisaïeule paternelle)*,

7

3° J.-B.-René-Adrien, baron DE TRICORNOT DU TREMBLOY, lieutenant-colonel du régiment étranger de Schomberg-Dragons, sous-lieutenant des Gardes du Corps du Roi, chevalier de Saint-Louis, (2° *bisaïeul paternel*),

Marié le 11 juillet 1774, à :

4° Marie-Thérèse DE SIMONET DE VOUGÉCOURT, dame d'Isôme, (2° *bisaïeule paternelle*),

5° Philippe-Charles DE PAVÉE marquis DE VILLEVIEILLE, maréchal de camp, lieutenant-honoraire des Gardes du comte d'Artois, — *(frère aîné de Mgr de Villevieille, évêque de Bayonne, et du Commandeur de Villevieille, vice-amiral de France en 1817)*, *(bisaïeul maternel)*,

Marié à :

6° Louise-Françoise DE VIEL DE LUNAS, *(bisaïeule maternelle)*, — *(sœur de la marquise de Pézennes et de Louis-Daniel-Antoine-Jean Viel marquis de Lunas baron du Pouget, marié à Marie Renée de Boulenc de Saint-Remy, dont le petit fils : Antoine-Théodore de Viel de Lunas marquis d'Espeuilles, a été créé sénateur du second empire, le 4 mars 1853)*

7° François-Jean PRÉVOST DE SAINT-MARS comte DE LA BOUTETIÈRE, capitaine-commandant dans les dragons d'Orléans, chevalier de Saint-Louis, émigré, (2° *bisaïeul maternel*),

Marié en 1781, à :

8° Adelaïde, comtesse DE LA FARE, (2° *bisaïeule maternelle*), chanoinesse-honoraire du noble chapitre de Coïsse-Largentière en Lyonnais, — *(Sœur du cardinal-duc de la Fare, ministre d'Etat, Pair de France, membre du Conseil privé des rois Louis XVIII et Charles X, archevêque de Sens, et chevalier-commandeur des ordres du Roi.)*

V

1° Antoine-François DE LANDRIAN, chevalier seigneur de Saint-Alarmont, d'Aingeville, d'Outremécourt, lieutenant-général d'épée du pays de Bassigny, *(trisaïeul paternel)*,

Marié le 11 décembre 1735, à :

2° Elisabeth-Catherine DE SARRAZIN DE GERMAINVILLIERS, *(trisaïeule paternelle)*,

3° Nicolas-François RAULIN DE MAIXE, écuyer seigneur de la Cour, de Maixe, de Labeuville, Maxéville, etc, (2° *trisaïeul paternel*),

Marié le 18 janvier 1734, à :

4° Jeanne-Catherine DE MAILLART, dame de Labeuville, baronne du Saint-Empire, (2° *trisaïeule paternelle*, sœur de la baronne de Ravinel);

5° Jean-Baptiste DE TRICORNOT, chevalier seigneur DU TREMBLOY, baron de Chancey, Mottey, Besuche, major du régiment de Rouergue, chevalier de Saint-Louis, (3° *trisaïeul paternel*),

Marié en 1736 à :

6° Françoise DE BARBEROT DE TROMAREY, (3° *trisaïeule paternelle*),

7° Etienne SIMONET D'ISÔME, chevalier seigneur de Vougécourt, officier de cavalerie, (4° *trisaïeul paternel*),

Marié le 20 janvier 1737, à :

8° Anne-Barbe DE SARRAZIN DE GERMAINVILLIERS, (4° *trisaïeule paternelle*),

9° Raymond DE PAVÉE marquis DE VILLEVIEILLE, baron de Montredon, Salinelles, capitaine dans le régiment du Roi, lieutenant de Roi, maire perpétuel de la ville de Sommières en Languedoc, chevalier de Saint-Louis, *(trisaïeul maternel)*,

Marié en 1730, à :

10° Françoise-Mélanie DE LA FARE-MONTCLAR, dame du marquisat de Mirabel, de la baronnie de Pompignan, de Saint-Martin de la Fare, etc , — sœur et héritière de la marquise DE CHABRILLAN, — *(trisaïeule maternelle)*,

11° Antoine VIEL DE LUNAS, chevalier seigneur de Lunas, de Sourlan, baron du Pouget, président en la Chambre des Comptes de Montpellier, (2° *trisaïeul maternel*),

Marié le 2 février 1758, à :

12° Françoise-Louise DE MONTCALM-GOZON, (2° *trisaïeule maternelle*,) — sœur de l'illustre marquis de MONTCALM, lieutenant général, tué devant Québec en défendant le Canada;

13° François-Antoine PRÉVOST DE LA BOUTETIÈRE, chevalier seigneur de Saint-Mars, la Boutetière, Grandry, etc., capitaine d'infanterie, (3° *trisaïeul maternel*),

    Marié à

14° Urbaine DE LA MOTTE-BARACÉ DE SENONNES, (3° *trisaïeule maternelle*) ;

15° Joseph-Louis-Dominique marquis DE LA FARE-VÉNÉJAN, baron de Vénéjan, seigneur de Saint-Alexandre, Saint-Nazaire, co-seigneur de Saint-Marcel-d'Ardèche, maréchal de camp, chevalier de Saint-Louis, (4° *trisaïeul maternel*),

    Marié en 1748, à :

16° Paule-Henriette DE GAZEAU DE CHAMPAGNÉ, dame des Villattes, en Vendée, (4° *trisaïeule maternelle*) ;

VI

1° Errard DE LANDRIAN, chevalier seigneur de Saint-Alarmont, d'Outremécourt, etc. (*quatrisaïeul paternel*), (fut maintenu dans sa noblesse, par lettres patentes de Léopold Ier, duc de Lorraine, datées du 13 juillet 1703, après qu'il eut prouvé sa noblesse depuis sept générations et son extraction des illustres marquis Landriani en Milanais.) Il mourut le 10 février 1748,

    Marié le 10 février 1708, à :

2° Anne DE L'ISLE, (*quatrisaïeule paternelle*), (fille de Charles-Alexis de l'Isle, écuyer seigneur de Maisoncelle, Gonaincourt, etc., et de Anne-Marie DU BOYS DE RIOCOURT) ;

3° Antoine-Théodose DE SARRAZIN DE GERMAINVILLIERS, chevalier seigneur d'Ozières, etc. Cornette du régiment de Royal-Etranger-Cavalerie au service de France, (2° *quatrisaïeul paternel*) frère de la baronne DE LAVAULX DE VRÉCOURT ;

    Marié le 1er juin 1705, à :

4° Barbe DE COLLIN D'AINGEVILLE, dame des Gelées, d'Aingeville, etc. (2° *quatrisaïeule paternelle* ;

5° Pierre-François RAULIN écuyer, (frère de Nicolas-Bernard RAULIN comte DE BEY, seigneur de Leopoldvald, conseiller d'Etat, premier Président de la Chambre des Comptes de Lorraine et Barrois et fils de Claude, écuyer, adjudant général des troupes du duc Charles IV), (3° *quatrisaïeul paternel*),

    Marié à :

6° Barbe-Françoise D'ORIDANT, (fille de Jean, écuyer, capitaine du château ducal de Bruyères), (3° *quatrisaïeule paternelle*) ;

7° Etienne-Henri DE MAILLART chevalier seigneur de Labeuville, Villacourt, la Tour, Attigneville, Marteau, conseiller d'Etat et maître des comptes du duché de Lorraine, (4° *quatrisaïeul paternel*),

    Marié à :

8° Marie-Anne DE FISSON DU MONTET, baronne née du Saint-Empire, fille de Claude et de Marie-Anne DE FOURNIER DE NEYDECK baronne héréditaire du Saint-Empire, (4° *quatrisaïeule paternelle*),

9° Charles-François DE TRICORNOT chevalier seigneur du Trembloy, (5° *quatrisaïeul paternel*),

    Marié, le 5 juin 1684, à :

10° Jacqueline-Angélique DE GÉRARD DE QUENTREY (5° *quatrisaïeule paternelle*) ;

11° Claude-Alexandre DE BARBEROT écuyer seigneur de Tavaux, capitaine de cavalerie, (6° *quatrisaïeul paternel*),

    Marié le 18 mars 1712, à :

12° Louise DE VAUDREY SAINT-REMY, dame et baronne de Tromarey, Vellexon, Vaudey, Chancey, Mottey, Besuche, Bombouillon, etc., en Franche-Comté, (6° *quatrisaïeule paternelle*) ;

13° Claude SIMONNET D'ISÔME, chevalier seigneur d'Isôme, Vougécourt, Dommarieu, (*fils de Nicolas écuyer seigneur de Dompierre, capitaine de cent hommes de pied au régiment de Grancey*), (7° *quatrisaïeul paternel*),

    Marié le 27 novembre 1699, à :

14° Françoise PIOT DE PROVENCHÈRES, (7° *quatrisaïeule paternelle*) ;

15° Antoine-Théodose DE SARRAZIN chevalier seigneur de Germainvilliers, d'Ozières etc. cornette du régiment de Royal-étranger-cavalerie au service de France; *(petit-fils du brave défenseur de la ville de la Mothe : Antoine de Sarrazin écuyer seigneur de Germainvilliers, capitaine de cent hommes de pied, gouverneur de la Mothe en 1634 à la mort du comte de Choiseul d'Ische; et neveu de Marie de Sarrazin mariée à Nicolas-François d'Ourches comte de Perey sous Montfort)*, (8° *quatrisaïeul paternel)*,

Marié le 1er juin 1705, à :

16° Barbe DE COLLIN D'AINGEVILLE, dame des Gelées, d'Aingeville etc. *(fille de Jean-Baptiste Nicolas, écuyer et de Claude de Bournon)*, (8° *quatrisaïeule paternelle).*

17° François-Joseph DE PAVÉE baron DE VILLEVIEILLE et de Montredon, marquis de la Roquette, baron de Brissac, admis de minorité dans l'ordre de Malte, colonel des milices du Languedoc, lieutenant de Roi dans la ville de Sommières, (*quatrisaïeul maternel)*,

Marié le 21 février 1696, à :

18° Grassinde DE ROQUEFEUIL dame du marquisat de la Roquette et de la baronnie de Brissac, héritière de la branche aînée des marquis de Roquefeuil la Roquette, (*quatrisaïeule maternelle)*;

19° Jean-François marquis DE LA FARE vicomte de Montclar, marquis de Mirabel, baron de Pompignan etc. maistre de camp de cavalerie, lieutenant de Roi en Languedoc, chevalier de Saint-Louis, (2° *quatrisaïeul maternel)*,

Marié le 11 avril 1706, à :

20° Marie DE LA FARE-LAUGÈRES, (sœur du maréchal de la Fare gouverneur du Languedoc, chevalier de la Toison d'or et des ordres du Roi et de l'évêque de Laon, duc et pair de France, chevalier-commandeur des ordres du Roi; et héritière de la branche aînée de la maison de la Fare), (2° *quatrisaïeule maternelle)* ;

21° Jean VIEL, seigneur DE LUNAS, écuyer, secrétaire du Roi en 1702 et anobli par cette charge.

22° L'on ne connait pas le nom de sa femme, mais on le croit fils de Jean VIEL conseiller du Roi, maire de la ville de Clairant, inscrit à l'armorial général du Languedoc en 1699. *(Cette famille est aujourd'hui représentée par le général de division marquis de Viel de Lunas d'Espeuilles et par le comte d'Espeuilles son frère ancien député de la Nièvre.)*

23° Daniel DE MONTCALM-GOZON marquis de Saint-Véran, baron de Gabriac, Candiac, seigneur de Viala, Cornus, Tournemire, Saint-Julien-d'Arpajon, la Panouse, Pierrefort, Vestric etc. (4° *quatrisaïeul maternel)*,

Marié le 30 avril 1708, à :

24° Marie-Thérèse-Charlotte DE LAURIS-CASTELLANNE (fille du marquis de Lauris-Castellanne), (4° *quatrisaïeule maternelle)* ;

25° .Christophe PRÉVOST DE LA BOUTETIÈRE, chevalier seigneur de la Boutetière, de Saint-Mars, Grandry etc. (fils de François, capitaine de cavalerie et de Elisabeth Morin de Loudon, sœur de Suzanne mariée à Louis de Clermont-Gallerande baron de Méru), (5° *quatrisaïeul maternel)*,

Marié en 1700, à :

26° Bénigne DE BERTRAND DE SAINT-FULGENS, dame de Grandry, en Poitou, (5° *quatrisaïeule maternelle)* ;

27° Jean DE LA MOTTE-BARACÉ marquis de Senonnes en Anjou, (fils de Pierre-François, marquis de Senonnes et de Adrienne DE SALES, de la même maison que saint François de Sales), (6° *quatrisaïeul maternel)*,

Marié à :

28° Elisabeth-Suzanne PRÉVOST DE LA BOUTETIÈRE-SAINT-MARS, (sœur de Christophe), (6° *quatrisaïeule maternelle)* ;

29° Gabriel, marquis DE LA FARE-VÉNÉJAN, baron de la Tour, des Plantiers, co-seigneur de Saint-Marcel d'Ardèche, (fils de Joseph et de Jeanne DE PIERRE DE BERNIS), (7° *quatrisaïeul maternel)*,

Marié le 3 septembre 1720, à :

30° Madeleine DE PLAISSE dame DE LA PAUSE, (7° *quatrisaïeule maternelle)* ;

31° Henri DE GAZEAU marquis DE CHAMPAGNÉ, seigneur et baron des Villattes, en Vendée, (fils de René de Gazeau chevalier seigneur de la Brandasnière et de Julie-Anne des Villattes dame de la baronnie de Champagné, (8ᵉ *quatrisaïeul maternel*),

    Marié en secondes noces, à :

32° Marie DE BESSAY-LUSIGNAN, dame du comté de Bessay, de Cremeaux et de Méré, (en Poitou), (8ᵉ *quatrisaïeule maternelle*) ;

ALLIANCE

DES

COMTES DE LANDRIAN, EN MILANAIS

AVEC LES

BORROMÉE COMTES D'ARONA

Et des parentés qui en résultent avec les Maisons
DE BRANDEBOURG, DE SAXE, D'AUTRICHE, VISCONTI, MÉDICIS,
DE SAVOIE, DELLA ROVÈRE, DE GONZAGUE, etc.

I

Jean BORROMÉE comte D'ARONA, d'Angera, etc., sénateur du duché de Milan, mort en 1495, — d'une famille déjà illustre et ancienne, — avait épousé : Maria-Cléophé PIO DE CARPI, fille de Gilbert PIO comte DE CARPI et de Elisabet MIGLIORATI DI FERMO. (La maison des Comtes PIO DI SAVOJA, comtes et princes DE CARPI, l'une des plus illustres de l'Italie est issue des ducs de Saxe et de la même souche que la Maison de Savoie, qui l'a autorisée à porter ses armes au premier quartier, et l'a comblée d'honneurs.) De cette alliance vinrent onze enfants :

1° Frédéric qui suit ;

2° Philippe BORROMÉE, ambassadeur du Milanais en Hongrie en 1495, marié à Françoise VISCONTI ;

3° Lancelot BORROMÉE, sénateur du Milanais, chambellan de Louis XII roi de France, gouverneur de Novare en 1512 et d'Alexandrie, marié à Lucie ADORNO, fille d'Augustin ADORNO duc de Gênes ;

4° Louis BORROMÉE, sénateur du Milanais en 1505, châtelain de Trezzo et de Monza en 1514, marié en 1497 à Bona-Maria LONGHIGNANA D'AMBROGINO, veuve de Barthélemy TRIVULCE ;

5° Galéas BORROMÉE, abbé de Saint-Gratian, protonotaire apostolique, mort en 1511 ;

6° Blanche BORROMÉE, mariée deux fois : 1° à François TRIVULZIO (TRIVULCE), chevalier, — 2° à Jacques TRIVULZIO, (*Les marquis TRIVULCE sénateurs du Milanais, ont produit un maréchal de France, gouverneur de Lyon. Ils sont alliés trois fois aux comtes Landriani.*)

7° Hippolyte BORROMÉE, marié en 1476 à Claude DE SAVOIE marquis de RACONIS DE PANCALIERI, chevalier de l'Ordre du Collier et maréchal de Savoie ;

8° Isabelle BORROMÉE, mariée trois fois : 1° à Julien DE MÉDICIS ; — 2° à François ATTENDOLO-BOLOGNIGNI comte de SAINT-ANGELO ; — 3° à Antoine-Marie, marquis PALLAVICINI ;

9° Justine Borromée, mariée à Marcelin, marquis Stampa, (neveu d'Antonia Stampa qui avait épousé Acccursio de Landriano, vivant en 1448 et 1467, d'où naquirent : Pierre de Landriano, sénateur du Milanais, et Antonio de Landriano, ministre des finances du duc Louis le More, qui fut assassiné par les ennemis du duc Sforza, son Prince, le 30 août 1499.)

10° Françoise Borromée, veuve en 1492 de François Sforza comte de Bergonovo;

11° François Borromée, abbé des SS. MM. Gratiano et Felino d'Arôna de 1453 à 1481

II

Gilbert Borromée comte d'Arôna, sénateur, général des armées du duché de Milan, de 1487 à 1605, épousa Madeleine de Brandebourg, fille du chevalier Fritz de Brandebourg, petite-fille du margrave (marquis) Albert de Brandebourg et de la princesse Anna de Saxe, celle-ci fille de Frédéric II, Electeur de Saxe, duc de Saxe en 1412 et de la princesse Marguerite d'Autriche, sœur de l'empereur Frédéric III.

De cette alliance naquirent quatre enfants :

1° Frédéric, qui suit :

2° Camille Borromée, mariée à Mathieu Beccaria de Pavie, chevalier, marquis de Mortara, seigneur de Saint-Gaudentio, Gambolato, Ripa, Nazano, Gammelerio, Turano, etc. Maistre de camp, général des armées Italiennes au service de Charles-Quint, capitaine de deux cents chevaux-légers et de soixante hommes d'armes, gouverneur de Pavie, qui fut enterré « avec une pompe royale » dans l'église de San-Francesco de Pavie. Il était de la même Maison qu'Elisabeth Beccaria, mariée à Antonio de Landriano, fils de Ambroise, et petit-fils de Jean sénateur du Milanais de 1374 à 1395.

3° Marguerite Borromée, mariée à Marc-Antoine Landriani, chevalier, co-seigneur de Landriano, de Saint-Giuliano en 1491, fils de Galéas Landriani comte de Spino en 1464, chevalier de la Toison d'or le 24 avril 1478, à l'avènement de Jean-Galéas Sforza, duc de Milan, qualifié l'un des vingt-cinq plus illustres patriciens de Milan et de Isabelle Visconti. (Par leurs alliances avec les Visconti de la maison ducale de Milan les Landriani et les Borromée se trouvaient proches parents des Sforza, ducs de Milan après les Visconti, et du roi de France Louis XII, petit-fils de Valentine Visconti mariée au duc d'Orléans frère du roi Charles VI.)

4° Jeanne Borromée, mariée à Louis, comte Caccia, sénateur, dont la famille a produit un cardinal-archevêque de Milan.

III

Frédéric Borromée comte d'Arôna, colonel-ducal du Milanais et l'un des Décurions à vie du duché de Milan de 1518 à 1528, épousa en 1509, Véronique Visconti, fille de Galéas Visconti comte de Somma et dame d'honneur de la reine Eléonore d'Autriche, épouse de François I⁰ʳ roi de France.

Leurs enfants furent :

1° Gilbert II, qui suit;

2° François Borromée, chevalier, né en France, pendant que sa mère était dame d'honneur de la reine de France, sœur de l'empereur Charles-Quint. Le roi François Iᵉʳ voulut être son parrain et le fit élever parmi ses pages. A son retour en Italie François Borromée fut capitaine de cinquante hommes d'armes, puis lieutenant-général de l'artillerie de l'empereur d'Autriche pendant la guerre de Hongrie. Il épousa, en 1554, Zénobie de Tolentino, (nièce de Nicolas comte de Tolentino marié à Elisabeth Landriani, sœur du comte Joseph-Francisque de Landriano marié à Barbe Trivulzio et de Jean-Francisque de Landriano,

Page du duc de Lorraine en 1516, puis capitaine de ses lansquenets, auteur des Comtes DE LANDRIAN, barons DE FISSON DU MONTET, du Saint-Empire et des Etats immédiats d'Autriche, existants à Nancy.)

3° Madeleine BORROMÉE, veuve en 1542 de Sébastien FERRERO DI BIELLA, marquis de ROMAGNANO, seigneur de Casalvallone, etc, fils de Geoffroy seigneur de Casalvallone, président du Sénat de Milan, (d'une illustre famille qui a donné à l'Eglise quatre cardinaux, s'est alliée aux maisons DE FIESQUE, DE SAVOIE et a été la tige des princes de MASSERAN en 1608, chevaliers de l'Annoniade, pourvus des plus grandes charges à la cour de Savoie.)

4° Eléonore BORROMÉE, mariée en 1538 à Giano DAL VERME comte DE BOBIO, de Romagnano et de Brugnatello;

5° Jules-César BORROMÉE comte D'ARONA et d'Angéra, capitaine de cinquante hommes d'armes, nommé par l'empereur Charles-Quint gouverneur-général de toutes les forteresses du Piémont, hérita, à la mort de son neveu, de toutes les possessions immenses des Borromée. Il testa le 2 décembre 1571, laissant de Marguerite TRIVULZIO, — fille de René, seigneur de Formigera et de Isabelle BORROMÉE, — quatre enfants:

    A. René BORROMÉE comte D'ARONA, Angéra, Intra, Vogogna, Lesa, Cannobio, Vegezzo, Laveno, Omegna, Vitaliana, seigneur de Cannaro, des îles Borromées, de Palestro, Guardasono, Formigéra, l'un des Décurions à vie de Milan et plusieurs fois ambassadeur du Milanais auprès du Pape Innocent IX et de divers princes; marié en 1579 à Ersilie FARNÈSE, (sœur d'Alexandre Farnèse, l'un des glorieux généraux de la bataille de Lépante,) fille de Octave FARNÈSE duc de PARME;

    B. Frédéric BORROMÉE, cardinal-archevêque de Milan, né le 18 août 1564, Prélat de Grand-Savoir, de Grande-Charité et de Haute-Vertu l'une des gloires de l'Eglise de Milan. Il était le cousin-germain de saint Charles Borromée et succéda sur le siège archi-épiscopal de Milan à son parent l'archevêque Visconti, qui avait lui-même succédé à saint Charles Borromée en 1584;

    C. Isabelle BORROMÉE, mariée en 1575 à Gerolamo VISCONTI, seigneur de Carbonnara, d'Abbizate, de Groppello, ambassadeur à Rome en 1584;

    D. Laure BORROMÉE, mariée à Jean-Francisque VISCONTI, seigneur de Massino, fils de Hubert Visconti, seigneur de Massino et de Christine Verri. (Il descendait de Ottorino Visconti, chevalier, qui rendit hommage le 7 septembre 1307 à Uguccione Borromée, évêque de Novare, pour ses fiefs de Castellesto, d'Ornavasso et qui avait épousé Bice, célèbre par ses aventures romanesques avec Marco Visconti, seigneur de Rosate.

IV

Gilbert II BORROMÉE comte D'ARONA, etc., colonel des troupes Milanaises en 1537, conseiller ducal, sénateur du Milanais en 1549, gouverneur du lac majeur en 1551, ambassadeur auprès du duc d'Albe en 1557, mort en 1558. Il avait épousé en 1529 Marguerite DE MÉDICIS, fille de Bernard et de Cécile SERBELLONI et sœur de Jean-Jacques DE MÉDICIS marquis DE MARIGNAN et de Jean-Ange DE MÉDICIS, Pape sous le nom de Pie IV.

De cette alliance naquirent cinq enfants:

1° Frédéric II BORROMÉE comte D'ARONA, prince D'ORIA, duc DE CAMÉRINO, etc., né en 1535, mort en 1563, général de l'Eglise romaine sous le Pontificat du Pape Pie IV son oncle maternel, en 1559, préfet des Galères du roi d'Espagne, marié en 1560 à Virginie DELLA ROVÈRE D'URBIN, sœur de Camille DELLA ROVÈRE, dame d'Orciano, Montera, la Rippa, mariée à Antoine comte DE LANDRIANO, fils du comte Jean-Baptiste et petit-fils du comte Ambroise, lieutenant-général des armées du duc d'Urbin. (Elle était fille de Guido-Balde II DELLA ROVÈRE duc d'Urbin et petite-nièce des Papes Sixte IV et Jules II.)

2° SAINT-CHARLES BORROMÉE, né en 1538 le 2 octobre, cardinal-archevêque de Milan, Légat du Saint-Siège, mort le 11 novembre 1584, canonisé en 1610.

3° Isabelle BORROMÉE, religieuse de l'Ordre de Saint-Dominique;

4° Camille BORROMÉE, mariée en 1560 à César DE GONZAGUE prince de Guastalla et d'Ariano, duc de Molfetta, capitaine-général des Gens d'armes du Milanais, fils de Ferdinand DE GONZAGUE duc de de Molfetta, prince d'Ariano, comte de Guastalla, vice-roi de Sicile, gouverneur du Milanais, chevalier de la Toison d'or et de Isabelle DE CAPOUE dame du duché de Molfetta;

5° Hiéronyme BORROMÉE, mariée à Fabrice GESUALDO prince DE VENOUSE, au royaume de Naples.

6° Anna BORROMÉE, mariée à Fabrice COLONNA duc DE MARSI, chevalier de la Toison d'or en 1561, général des Galères de Sicile, mort en 1580, à l'âge de 23 ans, fils de Marc-Antoine COLONNA duc DE TAGGLIACOZO et de PAGLIANO, Grand-connétable du royaume de Naples, vice-roi de Sicile, chevalier de la Toison d'or, (petit-neveu du Pape Martin V.)

PREUVE
DES
SEIZE QUARTIERS D'ALLIANCES
DE
MARIE-ANTOINETTE-JOSÉPHINE PEYRONNET DE LA RIBIÈRE
MARIÉE LE 21 JUILLET 1846
A FÉLIX GRELLET DE LA DEYTE

I

Marie-Antoinette-Joséphine PEYRONNET DE LA RIBIÈRE, née à la Chomette commune de Voingt (Puy-de-Dôme),

Mariée à Riom, le 21 juillet 1846, à :

Félix GRELLET DE LA DEYTE (elle a une sœur : Olympe DE LA RIBIÈRE non mariée.)

II

1° Laurent PEYRONNET DE LA RIBIÈRE, receveur particulier des finances de l'arrondissement de Riom, avant 1830 (père),

Marié le 6 janvier 1818 (à Plauzat), à :

2° Caroline-Adèle DE LA VILLATTE (mère) ;

(Celle-ci a eu pour frère le chevalier Joseph DE LA VILLATTE officier supérieur de la Garde Royale, chevalier de Saint Louis, officier de la Légion d'honneur et de Saint Ferdinand d'Espagne, attaché à la personne de S. A. R. Mgr le duc de Bordeaux, mort à Plauzat en 1868 laissant une fille unique : Palmyre DE LAVILLATTE mariée à Flavien vicomte de CHAIGNON ; d'où : Henrie DE CHAIGNON, filleule de Mgr le comte de Chambord, mariée le 12 juin 1865 à Charles-Albert DE LA CHASSAIGNE comte DE SEREYS.)

III

1° Joseph PEYRONNET seigneur de Trachèze, de la Chaumette, etc, (*ayeul paternel*),
  Marié le 6 juillet 1772, à :
2° Marie-Françoise BONIOL, (*ayeule paternelle*),
  — Leur fils aîné a formé la branche de Châteaubrun représentée par Blanche PEYRONNET
  DE CHATEAUBRUN, mariée le 10 août 1872, à Edouard, Vicomte DE CRESSAC-BACHÉLERIE. —
  La maison BONIOL, connue depuis Etienne, bourgeois de Riom possédant fief en 1328 et
  inscrite dans l'armorial général de 1699, s'est éteinte dans les *de Bourdillon du Gravier*,
  les *Arragonnès de Laval* et les *Morel de la Colombe de la Chapelle*.
3° Pierre-Marie-Joseph DE BOUYONNET DE LA VILLATTE chevalier seigneur de la Villatte, de la
  Mothe, etc., chevalier de saint Louis, capitaine dans Royal-Crawates-Cavalerie, émigré,
  chef d'escadrons dans les hussards de Rohan, (*ayeul maternel*),
  Marié le 13 avril 1779, à :
4° Jeanne PÉLISSIER DE FÉLIGONDE, (*ayeule maternelle*,) (sœur de Mesdames ANDRAUD DE
  LIGNEROLLES et DE LA BASTIDE, celle-ci a laissé une fille mariée à Antoine GRENIER:
  neveu du baron GRENIER Pair de France, Premier Président de la Cour de Riom, commandeur de la Légion d'honneur et chevalier de l'ordre de Saint-Michel ; et un fils :
  Louis DE LA BASTIDE père de Louise DE LA BASTIDE mariée à Palamède DE RIOLLET
  comte DE MORTEUIL).

IV

1° François PEYRONNET seigneur DE LA RIBIÈRE, de Trachèze, de la Chaumette, (*bisaïeul*
  paternel),
  Marié le 15 février 1745, à :
2° Gilberte SIMONET DE LASCOT, (*bisaïeule paternelle*),
3" Annet BONIOL seigneur de Tracros, conseiller du Roi, substitut du Procureur Général en la
  cour des Aides de Montferrand, (2ᵉ *bisaïeul paternel*).
  Marié à :
4° Gilberte D'ARGNAT, (2ᵉ *bisaïeule paternelle*),
5° Pierre BOUYONNET seigneur DE LA VILLATTE, etc., (*bisaïeul maternel*),
  Marié le 8 février 1750, à :
6° Marie-Madeleine DE CHAUT DE LA VALLAS, (*bisaïeule maternelle*),
7° Louis-Etienne PÉLISSIER DE FÉLIGONDE, écuyer seigneur de Vassel, né le 22 juin 1702,
  (2ᵉ *bisaïeul maternel*),
  Marié à :
8° Marie-Geneviève-Thérèse-Etiennette DE VARÈNES DE CHAMPFLEURY, (2ᵉ *bisaïeule mater-*
  nelle), elle avait trois frères officiers ; l'un d'eux colonel, mestre de camp de cavalerie,
  gouverneur militaire de Clermont-Ferrand en 1789.

V

1° Jean PEYRONNET seigneur de Trachèze, de la Chaumette, etc., (*trisaïeul paternel*); ses
  frères étaient : Annet PEYRONNET seigneur DE LA RIBIÈRE en 1745, Pierre PEYRONNET
  chanoine du chapitre d'Herment en 1718 ; ils étaient fils d'Antoine PEYRONNET seigneur DE
  LA CHAUMETTE, syndic de Voingt en 1702, marié à Jeanne VERNY DE SOURDEVAL et
  frère lui-même d'autre Pierre PEYRONNET, prêtre et prieur de Voingt, 1686-1718, qui fit
  inscrire ses armes dans l'armorial-général de d'Hozier, d'Antoine PEYRONNET, aide-major
  d'un régiment en garnison à Perpignan, marié à Bordeaux en 1670, auteur des Comtes
  DE PEYRONNET (*existants*) ; et de Renée PEYRONNET mariée en 1676 à Charles DE
  NOIZAT, chevalier seigneur de Noizat ;)
  Marié le 7 février 1712, à :
2° Marguerite SAUTY, (*trisaïeule paternelle*), fille de François seigneur de Choisy, châtelain
  de Flayat et de Charlotte BONIOL, (celle-ci fille de François BONIOL seigneur de Tracros et
  de Marie DE LAUDOUZE, d'une famille d'ancienne chevalerie) ;

3° Gaspard SIMONET seigneur DE LASCOT, (2° *trisaïeul paternel*),

Marié à :

4° Anne GORCE DE LA CEPPE, (2° *trisaïeule paternelle*) ;

5° Louis BONIOL seigneur DE TRACROS, bailli de Gelles, (3° *trisaïeul paternel*), fils d'Antoine BONIOL qui avait épousé le 2 mars 1699, Antoinette DU PEYROUX, (celle-ci fille de Gilbert DU PEYROUX écuyer seigneur de Saint-Hilaire, Saint-Maurice, etc. et de Gasparde D'ASTORG et petite-fille de Annet-Gilbert DU PEYROUX écuyer seigneur de Saint-Hilaire et de Antoinette DE NEUVILLE DE LARBOULERIE),

Marié en 1722, à :

6° Marguerite HUGON, (3° *trisaïeule paternelle*), fille de Annet HUGON bailli de Banson et de Françoise RAVEL, des seigneurs de Montoron.

7° Marien D'ARGNAT, seigneur de l'Ostours, de Gours, de la Mothe (près Villosanges), etc., (4° *trisaïeul paternel*),

Marié le 30 janvier 1726, à :

8° Catherine DE BERTHET, (4° *trisaïeule paternelle*);

9° Antoine BOUYONNET seigneur DE BOUYON, DE LA VILLATE, la Grange, etc. (en Berry), (*trisaïeul maternel*),

Marié à

10° Marie VILLATE DE LA ROUSSILLE, (*trisaïeule maternelle*);

11° Joseph DE CHAUT, seigneur DE LA VALLAS, conseiller du Roi en l'Election de Montluçon, (2° *trisaïeul maternel*), fils d'autre Joseph conseiller du Roi et de Marguerite ROCHE dame de la Vallas, (on trouve, vers la même époque, en 1712, Françoise DE COUBLADOUR veuve de François DE CHAUT écuyer seigneur des Gouttes et de Saint-Veoir en Bourbonnais ; et, plus anciennement, Joachim DECHAUT écuyer seigneur du Corbier, homme d'armes, marié dans le château de Meillan avec Marguerite DE SAUZAY) ;

Marié à :

12° Anne VILLATE DE PEUFEILHOUX, (2° *trisaïeule maternelle*);

13° Antoine PÉLISSIER DE FÉLIGONDE, chevalier co-seigneur de Vassel, (3° *trisaïeul maternel*), fils de Jacques écuyer seigneur de la Tour d'Opme, conseiller en la Cour des Aides de Montferrand et de sa seconde femme : Jeanne DE GIRARD DE LA BOURNAT, (celle-ci était fille d'Antoine GIRARD DE LA BOURNAT chevalier seigneur DE LA BOURNAT, lieutenant-général en la Cour des Aides de Montferrand, conseiller d'Etat et de Marie DE SEIGLIÈRES, sœur de Joachim DE SEIGLIÈRES écuyer seigneur de Boisfranc, de Saint-Ours, baron d'Ambur, vicomte de la Rochebriant, conseiller du Roi en ses Conseils, chancelier du duc d'Orléans, marié à Geneviève GÉDOUIN DES TOUCHES, d'où : Marie-Madeleine-Louise-Geneviève DE SEIGLIÈRES, qui épousa le 15 juin 1690, François-Bernard POTIER DE GESVRES duc DE TRESMES et DE GESVRES, Pair de France, premier gentilhomme de la Chambre du Roi, gouverneur de Paris, chevalier des Ordres du Roi, brigadier des armées. Leur fils : Louis-Léon POTIER marquis DE GANDELUS, duc DE GESVRES et DE TRESMES après son frère aîné, lieutenant-général des armées du Roi, gouverneur de l'Isle de France, fut marié, le 6 avril 1729 à Eléonore-Marie DE MONTMORENCY-LUXEMBOURG, fille du prince de Tingry, d'où : Louis-Joachim, dernier duc DE GESVRES, mort sans postérité);

Marié le 3 février 1717, à :

14° Jeanne MAUGUE DE POMEROL, (3° *trisaïeule maternelle*), fille de Antoine MAUGUE seigneur DE POMEROL conseiller au Présidial de Clermont et de Françoise DE GIRARD DE LA PRUGNE.

15° François DE VARÈNES, chevalier seigneur de Champfleury, de Bien-Assis, etc., Président-trésorier de France, général des finances et Grand-Voyer de la province d'Auvergne, avait d'abord servi comme officier d'infanterie dans le régiment de Navarre, (4° *trisaïeul maternel*,) — fils d'Etienne DE VARÈNES chevalier seigneur de Champfleury, Chanteranne, etc., trésorier de France, et de Marie DE BOYER DU CENDRE ; neveu : de Mgr Jean-François DE BOYER, évêque de Mirepoix précepteur du Dauphin fils de Louis XV, premier aumônier de Madame la Dauphine en 1749, de Françoise DE VARÈNES mariée à Michel PÉLISSIER DE FÉLIGONDE écuyer seigneur de Féligonde, Saulces, etc., de Suzanne DE VARÈNES, mariée à Jean-Baptiste DE CRESPAT écuyer seigneur de Ludesse, dont la fille : Suzanne DE CRESPAT dame de Ludesse épousa Joseph DE MASCON, chevalier seigneur de la Martre, du Sauzet, Garde du Corps du Roi (1). —

16° Jeanne DE LAVILLE, dame de Chignat, (4° *trisaïeule maternelle*), fille de François, écuyer seigneur de Chignat, de Bizard, officier au régiment de la Reine et de Jacquette DE CHEVERLANGES, (celle-ci fille d'Antoine DE CHEVERLANGES et de Gabrielle DE BRETANGES.)

PREUVE

DES HUIT QUARTIERS D'ALLIANCES

DE

ANNET PEYRONNET

SEIGNEUR DE LA RIBIÈRE ET DE LA CHAUMETTE

Mort en 1689,

(Père de cinq enfants, entre autres : Antoine Seigneur DE LA CHAUMETTE
Quatrième aïeul de Joséphine PEYRONNET DE LA RIBIÈRE
Mariée en 1846 à Félix GRELLET DE LA DEYTE ; et autre Antoine PEYRONNET
Aide-Major d'un régiment en garnison à Perpignan
Auteur des Comtes DE PEYRONNET, de Bordeaux.)

I

Annet PEYRONNET, co-seigneur DE LA CHAUMETTE et DE LA RIBIÈRE, avait épousé le 3 septembre 1650 Aimée DE LEYMARIE : (d'où les branches de Voingt et de Bordeaux.)

II

1° Annet PEYRONNET, co-seigneur DE LA CHAUMETTE en 1645,
   (*père*) ;
      Marié le 8 mai 1614, à :
2° Peronnelle DE BOSREDONT, (*mère*), — de la famille des barons d'Herment, qui est alliée à la meilleure noblesse d'Auvergne et dont les armes figurent à la salle des Croisades ;

---

(1) De cette alliance vint : Jean-Baptiste comte DE MASCON, seigneur de Ludesse, Sauzet-le-Froid, la Martre, Mousquetaire noir, député de la noblesse aux États généraux en 1789, mort en 1811, marié en premières noces à Jeanne-Marie DE FRÉDEVILLE, d'où : 1° Jeanne-Marie DE MASCON, mariée le 5 mars 1782 à Claude-Anne-François, comte DE REYNAUD DE MONS, capitaine de chevaux-légers, fils de Jean-Gaspard DE REYNAUD DE MONS baron de Saint-Pal-en-Chalencon, et de Madeleine DE MONTSERVIER (*voy p.* 36). — 2° Joséphine DE MASCON, mariée le 25 octobre 1784 à Louis, comte DE BOSREDONT-VATANGES, dont la fille unique a épousé Philibert LE NORMANT baron DE FLAGHAC ; — 3° Suzanne DE MASCON, mariée au comte LE GROING DE LA ROMAGÈRE ; — 4° d'un second mariage avec Mlle DE MONTCELET, est née Marie DE MASCON, mariée à Claude-Philippe comte DE TOURNON officier au régiment de Condé, émigré, puis Chambellan et aide de camp de l'Empereur Napoléon Ier.

III

1° Pierre Peyronnet, châtelain de Voingt, 1582-1590, — frère de Catherine Peyronnet, mariée à Pierre Gaudet seigneur de la Ribière, — (*ayeul paternel*),
Marié à :

2° Marie de Jarrier de Trachèse, (*ayeule paternelle*);

3° Charles de Bosredont, chevalier seigneur de Léclauze, des Martinanches, de la Chaumette, etc., (*ayeul maternel*),
Marié à :

4° Louise de la Mothe-Maslaurent, (*ayeule maternelle*);

IV

1° Antoine Peyronnet, bailli de Giat en 1550, (*bisaïeul paternel*),
Marié vers 1525, à :

2° Gabrielle du Faud, (*bisaïeule paternelle*);

3° Michel de Jarrier, écuyer seigneur de Trachèse, capitaine de chevau-légers, (*2° bisaïeul paternel*),— fils de Vincent de Jarrier écuyer seigneur de Trachèse et de Jeanne de Coustave, (*celle-ci fille de Louis de Coustave seigneur de Bien-Assis, écuyer du roi Charles VIII, bailli du comté de Clermont et du Dauphiné d'Auvergne, qui avait épousé, le 26 janvier 1494, Suzanne de Bourbon, sœur de Charles de Bourbon, évêque de Clermont*),
Marié le 15 janvier 1529, à :

4° Madeleine de Courteix, ou de Cortès, (*2° bisaïeule paternelle*);

5° Louis de Bosredont, chevalier seigneur de la Breuille, des Martinanches, des Salles, du Montel-Saint-Hilaire, etc., baron d'Herment en partie, (fils de Jean de Bosredont baron d'Herment et de Louise de Chalus-Chateaubrun du Puy-Saint-Gulmier, — (*bisaïeul maternel*),
Marié le 28 janvier 1547, à :

6° Jeanne d'Aubusson de Banson, (*bisaïeule maternelle*), — fille de Jacques, ambassadeur du roi Henri II auprès des princes d'Allemagne et de Antoinette de Langeac ; petite fille, *par son père*, de Louis d'Aubusson chevalier seigneur de Banson, Echanson du Roi Louis XI etc. et de Dauphine d'Estaing et, *par sa mère*, d'Alyre de Langeac chevalier seigneur de Dallet etc., marié à Catherine de Chazeron.

7° François de la Mothe, écuyer seigneur du Maslaurent, de la Brousse, etc., (*2° bisaïeul maternel*), — fils d'autre François écuyer seigneur du Maslaurent, de la Brousse, co-seigneur de Bromont en 1506 et de Anne de Rochefort-la-Queuille);
Marié le 3 janvier 1576, à :

8° Françoise de Lestrange, (*2° bisaïeule maternelle*), — fille de Guinot II chevalier, capitaine de cent hommes d'armes en 1516 et de Catherine de la Roche-Tournoelle),

PREUVE

DES HUIT QUARTIERS D'ALLIANCES
DE
Catherine DE MONTSERVIER D'ORSONNETTE
MARIÉ LE 19 JUILLET 1695 A
Barthélemy GRELLET Seigneur DE LA MARCONNERYE
ET DE LA BARONNIE DE LA DEYTE
(D'où postérité existante à Allègre Haute-Loire.)

I

Catherine DE MONTSERVIER D'ORSONNETTE, mariée à Orsonnette, (*dev. Fauchier, notaire Royal*), le 19 juillet 1695 à Barthélemy GRELLET seigneur DE LA MARCONNERYE et DE LA DEYTE;

II

1° Alexandre DE MONTSERVIER, chevalier seigneur d'Orsonnette, Auzat-sur-Allier, Mignol, etc., capitaine de cavalerie, (*père*, — veuf de Madeleine DE TORSIAC*);
    Remarié le 4 janvier 1653, à :
2° Jacqueline DE MOZAC DE BEAURECŒUIL, (*mère,* — veuve de Jacques DE MOREL DE LA COLOMBE, écuyer seigneur de la Chapelle et de la Guilhaumie);

III

1° Hugues DE MONTSERVIER, écuyer seigneur de Félines, Mignol, Orsonnette, etc., (*ayeul paternel*),
    Marié le 12 décembre 1614, à :
2° Marguerite DE BOISSET DE LA SALLE, dame d'Orsonnette, (*ayeule paternelle,* — sœur de Jean DE BOISSET seigneur de la Salle, allié à Marguerite DE TURENNE);
3° Durand MOZAC, écuyer seigneur DE BEAURECŒUIL, du Chier, de Mondasse de Fix et de Vernassaulx, conseiller du Roi, Intendant des Gabelles à Issoire, (*ayeul maternel*),
    Marié à :
4° Isabeau D'AURELLE DE TERRENEYRE, (*ayeule maternelle*);

IV

1° Joseph DE MONTSERVIER, écuyer seigneur dudit lieu, de Félines, Mignol, etc., (*bisaïeul paternel*; — *frère* de Michel DE MONTSERVIER, chanoine-comte du noble chapitre de Saint-Julien de Brioude, admis sur preuves en 1593, *neveu* de Valentin DE MONTSERVIER chanoine-comte de Brioude, admis en 1543, et *fils* de Hugues DE MONTSERVIER chevalier seigneur dudit lieu, en Haute-Auvergne, capitaine de trois cents hommes de pied, allié en 1550 à Louise DE LA ROCHE-AYMON),
    Marié en 1580, à :
2° Anne-Brigitte DE SÉGUR, (*bisaïeule paternelle*);

3° Jean DE BOISSET, écuyer seigneur de la Salle, de Vic en Caladès, etc., (2ᵉ *bisaïeul paternel*, — fils d'autre Jean, seigneur de la Salle, co-seigneur de Vic, allié le 26 octobre 1548, à Gabrielle DE SAINT-MYON),

Marié le 22 juin 1584, à :

4° Françoise DU PORT DE MESSILLIAC, (2ᵉ *bisaïeule paternelle*, — celle-ci fille de François DU PORT, écuyer seigneur de Messilliac et de Marguerite DE SAUNHAC dame de Messilliac, qui se remaria au célèbre Raymond CHAPT DE RASTIGNAC gouverneur de la Haute-Auvergne et chevalier du Saint-Esprit en 1594);

5° François DE MOZAC, seigneur du Chier, de Sailhans, de Boissières, (*bisaïeul maternel*), se maria deux fois, (fils de Pierre MOZAC, seigneur du Chier et de Antonia GRELLET),

Marié avant 1573, à :

6° Marie BOUTAUD DU PINET, (*bisaïeule maternelle*, — fille de Pierre BOUTAUD DU PINET, écuyer, capitaine du château d'Allègre et de Catherine DE MONTROND, celle-ci fille de Antoine seigneur de Montrond (près de Saint-Agrève), et de Hélix DE GUÉRIN DE CHAMBAREL);

7° Pons D'AURELLE, écuyer seigneur de Terreneyre, du Croizet, de la Freydière, demeurant à Arlanc, (2ᵉ *bisaïeul maternel*, — fils de Maximilien D'AURELLE écuyer et de Philippe DE TERRENEYRE),

Marié le 15 janvier 1578, à :

8° Françoise DU VERDIER, dame de Reyrat, (2ᵉ *bisaïeule maternelle*, — fille de Hugues DU VERDIER écuyer seigneur de Reyrat, du Clusel, etc. et de Anne DE COISSE.)

(*L'on a jugé inutile de remonter cette preuve plus haut, des membres de la maison* DE MONTSERVIER *ayant été admis presque à chaque génération et depuis 1330, au nombre des Chanoines-Comtes de Brioude.*)

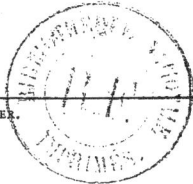

Le Puy, imprimerie A. PRADES-FREYDIER.

www.ingramcontent.com/pod-product-compliance
Lightning Source LLC
Chambersburg PA
CBHW070932280326
41934CB00009B/1843